prometeo
libros

¿EL OCASO DE LA DEMOCRACIA?

Osvaldo Guariglia
(Compilador)

¿El ocaso de la democracia?

prometeo
libros

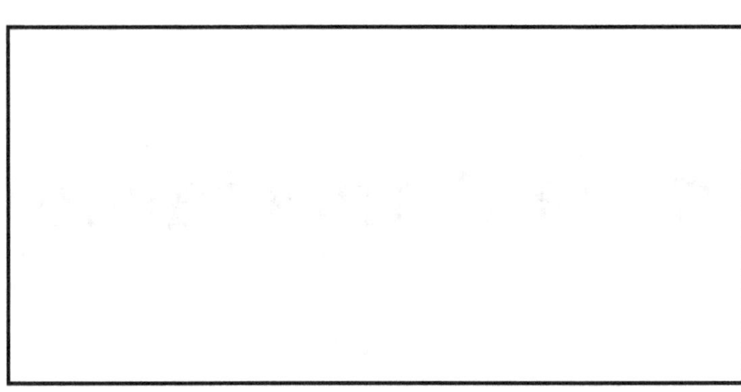

Índice

Los autores

Osvaldo Guariglia es Doctor Philosophiae, Universidad de Tübingen, Alemania. Investigador Superior del Conicet y Profesor Honorario de la Universidad Nacional de La Plata. Ex-becario de la Fundación A-v-Humboldt, Alemania, de la Fundación Antorchas y de otras. Obtuvo el Primer Premio Nacional de Filosofía 1992. Publicó trece libros: dos en Alemania, tres en España, dos en Italia y seis en Argentina. Desde 1996: *Moralidad-Ética universalista y sujeto moral* (1996), it. *Moralità* (2002), *Ética en Aristóteles* (1997), *Una ética para el siglo XXI* (2002) y *En camino de una justicia global* (2010). También escribió una centena de artículos en revistas especializadas. Fue presidente del Centro de Investigaciones Filosóficas y la Asociación Filosófica Argentina. Es miembro del Comité de Redacción de la *Revista Latinoamericana de Filosofía*, de la *Revista de Filosofía* de la Universidad de Chile y del Directorio de la *Enciclopedia Iberoamericana de Filosofía*, editada por el CSIC de España.

Cristina Lafont es catedrática de Filosofía en la Northwestern University. Actualmente su investigación se centra en las diversas concepciones de la democracia deliberativa y su posible extensión más allá de las fronteras nacionales. Entre sus artículos recientes se cuentan los siguientes: "The Place of Self-Interest and the Role of Power in Deliberative Democracy", en *The Journal of Political Philosophy* 18/1 (2010), 64-100 (co-autora junto con J. Mansbridge, J. Bohman, S. Chambers, D. Estlund, A. Follesdal, A. Fung, B. Manin y J. L. Marti). "Can Democracy go Global? Comments on J. Bohman's Democracy across Borders", en *Ethics & Global Politics* 3/1 (2010), 13-19. "Religion and the Public Sphere. What are the Deliberative Obligations of Democratic Citizenship?", en *Philosophy & Social Criticism* 35/1-2 (2009), 127-150. "Alternative Visions of a New Global Order: What should Cosmopolitans hope for?", en *Ethics & Global Politics* 1/1-2 (2008), 1-20 (reeditado en S. Besson y J.L. Martí, eds., *Legal Republicanism and Republican Law. National and Post-National Perspectives*, Oxford University Press, 2009, 256-277 y en *Soziale Welt*, 18 (2009), 231-250). "Religion in the Public Sphere: Remarks on Habermas's Conception of Public

Deliberation in Post-secular Societies", en *Constellations* 14/2 (2007), 236-256.
"Is the Ideal of a Deliberative Democracy Coherent?", en S. Besson and J. L. Martí, eds., *Deliberative Democracy and its Discontents* (Ashgate, 2006), 3-26.

Mariano Garreta Leclercq es Doctor en Filosofía, profesor adjunto del Departamento de Filosofía de la Universidad de Buenos Aires e investigador adjunto del Consejo Nacional de Investigaciones Científicas y Técnicas de Argentina (CONICET). Además, es miembro del Comité Editorial de la *Revista Latinoamericana de Filosofía* (RLF) y del Comité de Edición de la *Revista Latinoamericana de Filosofía Política* (RLFP). Es autor del libro *Legitimidad política y neutralidad estatal: sobre los fundamentos del liberalismo*, Buenos Aires, EUDEBA, 2007. Ha publicado artículos sobre ética y filosofía política en revistas especializadas nacionales e internacionales.

Julio Montero es Licenciado en Filosofía por la Universidad de Buenos Aires, Magister en Derechos Humanos por el University Collage London (Reino Unido), Doctor en Filosofía por la Universidad Nacional de La Plata y Doctor en Teoría Política por el University Collage London. Actualmente se desempeña como Investigador Asistente del Consejo Nacional de Investigaciones Científicas y Técnicas de Argentina y como docente de Ética y Filosofía del Derecho de la Universidad de Buenos Aires. Es miembro del Centro de Investigaciones Filosóficas de Argentina, de la Sociedad Argentina de Análisis Filosófico y Secretario de Redacción de la *Revista Latinoamericana de Filosofía Política*. Sus principales áreas de interés son: derechos humanos, justicia global, democracia deliberativa y liberalismo político.

Facundo García Valverde es Licenciado y Doctor en Filosofía por la Universidad de Buenos Aires y docente de la misma institución. Es becario postdoctoral del Consejo Nacional de Investigaciones Científicas. Es miembro de varios proyectos de investigación del área de Filosofía Práctica (UBACYT, PIP, PICT). Ha publicado artículos sobre teoría política en diversas revistas internacionales (*Revista Latinoamericana de Filosofía, Revista de Filosofía y Teoría Política, Cuadernos de Filosofía*, etc.) y en varias antologías. Sus áreas temáticas son el enfoque de las capacidades, las justificaciones de la democracia y de la igualdad política, la filosofía del derecho y el republicanismo.

Fuentes de los capítulos

Capítulo I:
Guariglia, O. (2012). La democracia sitiada. *Revista Latinoamericana de Filosofía Política* 1, pp. 1-21.

Capítulo II:
Guariglia, O. (2014). La anomia y la teoría política de la oligarquía. *Revista Latinoamericana de Filosofía Política* 3, pp. 1-17.

Capítulo IV:
Lafont, C. (2010). Responsabilidad, inclusión y gobernanza global: una crítica de la concepción estatista de los derechos humanos. *Isegoría: Revista de filosofía moral y política* 43, pp. 407-434.

Capítulo V:
Montero, J. (2013). Los derechos humanos dentro y fuera de las fronteras. *Isegoría: Revista de filosofía moral y política* 49, pp. 459-480.

Capítulo VI:
García Valverde, F. (2009). Desacuerdo moral y estabilidad en la teoría de Martha Nussbaum. *Revista de Filosofía y Teoría Política* 40 , pp. 63-90

El compilador agradece a todas las revistas en las que aparecieron las primeras versiones de estos artículos el permiso otorgado para su incorporación en este libro.

Prólogo

Los trabajos reunidos en el presente libro se originaron a lo largo de una investigación comenzada y desarrollada durante la última década, es decir, en una época particularmente conmocionada tanto en América Latina, y especialmente en América del Sur, como, a partir de 2007, en los países desarrollados del hemisferio Norte en general. Lo que de un modo u otro estaba y sigue estando en el centro de la discusión son dos conjuntos de problemas que se entrecruzan y conectan a través de distintos caminos: el estado actual de la democracia como el régimen político estándar, por una parte, y la vigencia, la expansión y el contenido de los derechos humanos en el mundo, por la otra.

Los trabajos aquí reunidos fueron discutidos en diversos eventos académicos y, con una sola excepción, publicados previamente en distintas revistas especializadas. Pese a ello, tienen un núcleo común, y, en un caso, surgieron directamente de un contrapunto sobre dos concepciones diferentes de un mismo tema, expuestas en sendas contribuciones de Cristina Lafont y Julio Montero.

La primera parte del libro, *La democracia en cuestión*, reúne dos trabajos de mi autoría y uno de Mariano Garreta Leclercq, que examinan tres problemas diferenciados que afectan aspectos del régimen político: *a)* el deslizamiento de la democracia a una u otra forma de oligarquía bajo la presión de la globalización financiera y la gobernanza económica global (Guariglia cap. I); *b)* el impacto de esta paulatina degradación sobre la ciudadanía y sus actitudes institucionales en los países emergentes, especialmente en Argentina (Guariglia, cap. II); y *c)* los presupuestos y los requisitos epistemológicos que debe satisfacer, desde una perspectiva afín al liberalismo político, una democracia deliberativa (Garreta Leclercq, cap. III).

La segunda parte del libro, *La democracia, los derechos humanos y la gobernanza global*, examina, en primer lugar, la encrucijada entre la responsabilidad meramente estatal por la vigencia y la aplicación de los derechos humanos y la creciente injerencia de las instituciones globales en los asuntos que afectan a la población de los distintos Estados, sin que dichas instituciones tengan una responsabilidad directa frente a las consecuencias de tales medidas (Lafont, cap. IV y Montero, cap. V).

Por último, uno de los temas más acuciantes que inevitablemente hay que afrontar al pretender disminuir los niveles de pobreza mediante programas y propuestas, como el enfoque de las capacidades, es definir criterios para determinar las exigencias de un igualitarismo, cuyo objeto y cuyo alcance no aparecen propiamente determinados. En el cap. VI y último, García Valverde revisa las respuestas a la pregunta *igualdad de qué cosa*.

El proyecto de investigación llevado a cabo por los investigadores aquí reunidos y la realización del *International Symposium: Human Rights and Democracy in a Globalized World*, organizado por el *Centro de Investigaciones Filosóficas y la Universidad Di Tella*, en Buenos Aires, del 12 al 14 de noviembre de 2012, en el que participó la Prof. Cristina Lafont, fueron sostenidos mediante sendos subsidios del Consejo Nacional de Investigaciones Científicas y Técnicas y de la Agencia Nacional de Promoción Científica y Tecnológica, que también ha contribuido en parte al financiamiento del presente libro.

Osvaldo Guariglia

Primera parte

La democracia en cuestión

Capítulo I
La democracia sitiada

Osvaldo Guariglia

I

En el fascinante análisis que Aristóteles hace de los regímenes realmente existentes de su tiempo en los libros centrales de la *Política*, él resume sus conclusiones finales con una concisa afirmación que, de hecho, modifica por completo la clasificación anterior, hecha en abstracto, de las constituciones: "Existen, al parecer, principalmente dos regímenes y todos los otros se consideran modificaciones de éstos: estas dos formas de gobierno son la *democracia* y la *oligarquía*" (Pol. IV 3, 1290a 14-18). Como es sabido, él mismo era más favorable a una forma de oligarquía moderada o de democracia limitada, la *república*, por considerarla como el régimen más estable, en este caso, por las *buenas razones*, a saber, porque todos los ciudadanos tendrían interés en mantenerlo participando de él, es decir, por lo que hoy llamaríamos su "legitimidad".

Voy a usar estas dos denominaciones, *oligarquía y democracia*, con el sentido estricto que les da Aristóteles en este texto: un poder limitado a unos pocos, que concentran todas las magistraturas en un mismo círculo de individuos con fuertes ligaduras entre sí, por un lado, y un poder más ampliamente distribuido, por el otro, entre grupos ajenos entre sí que ocupan los cargos diferenciados en función administrativa, legislativa y judicial, de modo tal que se impida que esas distintas funciones recaigan en un mismo grupo de individuos. Elijo esta clasificación binaria y relativamente simple de los regímenes constitucionales para el análisis de la extraordinariamente compleja situación política en el mundo actual por una razón que a mi juicio se ha hecho evidente de modo inmediato para todo observador atento: en estas dos primeras décadas del siglo XXI la democracia ha quedado acorralada y a la defensiva bajo el acoso de diversos grupos dominantes mediante distintos medios que pugnan por acumular todo el poder y, en especial, las funciones administrativa y judicial, y que convierten en obsoleta la participación deliberativa de los ciudadanos.

Una vez presentado el diagnóstico de la arquitectura institucional que está prevaleciendo internacionalmente de un modo general, será necesario precisar las diferentes vías mediante las que se llega a esta situación y las peculiaridades de los diferentes casos. La democracia moderna está circunscripta desde su origen dentro de los límites de los Estados nacionales, dentro de los que tienen vigencia y legitimidad sus decisiones y leyes en cada caso y dentro de los que están contenidos los sujetos personales y físicos (territorio) de sus resoluciones y los beneficiarios de sus derechos, ciudadanos y residentes. La noción misma de un Estado soberano y de la consiguiente restricción que su mera existencia imponía a los otros Estados en las relaciones internacionales nació en la Europa desgarrada por las guerras de religión en el siglo XVI y se consolidó como un principio del derecho internacional desde los tratados de la Paz de Westfalia en adelante. Su expresión más acabada estuvo constituida por el mundo de naciones auto-suficientes económicamente y autónomas con respecto a la sanción interna de sus derechos y a la distribución interna de sus recursos, que se desarrolló desde fines del siglo XVIII en Europa y luego en América, primero en la anglosajona del Norte y, más tarde, en la latina del Sur, hasta mediados del siglo pasado. Los cambios institucionales y políticos posteriores a la Segunda Guerra Mundial inauguraron un nuevo período en el que las instituciones internacionales, creadas mediante extensos pactos multilaterales, introdujeron un amplio sistema de derecho que ha puesto claros límites a la acción arbitraria de las naciones soberanas. La profundidad de las reformas que introdujeron la Liga de las Naciones y luego su sucesora, las Naciones Unidas, no tuvo precedente en los siglos anteriores. La proclamación de la autodeterminación de las naciones, de la integridad de su territorio, de la obligación de someter todas las disputas entre dos miembros de la organización a un tribunal imparcial y la consecuente creación de una Corte Permanente de Justicia Internacional para arbitrar las cuestiones litigiosas, la creación de una serie de organismos para promover el bienestar en las relaciones laborales, la supervisión de la salud, el control del tráfico de personas, la Declaración de los Derechos Humanos, seguida de las dos convenciones que sancionaron los instrumentos para ponerlos en práctica, la creación de la OMC y, más recientemente aún, la creación de una Corte Penal Internacional en 1998, a fin de juzgar los crímenes de lesa humanidad, de genocidio, etc., que no hayan sido perseguidos por los Estados nacionales, son un avance significativo de la institucionalización de las relaciones internacionales más allá de los límites de las soberanías nacionales. Pese a todo ello, estamos aún muy lejos de la constitucionalización de un orden global (ver Guariglia 2010*a*, cap. VI: 122 - 140.)

Desde el comienzo de estos intentos de institucionalización en el campo internacional, se enfrentaron dos concepciones distintas, tanto política como jurídicamente, de la mutua delimitación entre el derecho positivo de cada Estado y el derecho internacional. Por un lado, la de juristas liberales, como Hans Kelsen, para dar un nombre bien representativo, que sostenían una continuidad entre ambos derechos, ya que a la protección y la regulación de las garantías y las libertades de los sujetos individuales en el derecho doméstico les correspondían la protección del reconocimiento recíproco de la representación legítima de cada pueblo organizado en un Estado bien ordenado y la garantía de la auto-determinación de cada Estado y de la paz en sus relaciones externas. Por el otro, la concepción autoritaria de teóricos del realismo, como Carl Schmitt, para citar otro nombre claramente representativo, que rechazaba una estrecha conexión entre ambos derechos, subrayaba la absoluta primacía del derecho de cada Estado soberano y rebajaba al derecho internacional a un simple protocolo del statu quo (Schmitt 1988 = 1938: 9).

La cesura que separa estas dos concepciones y que se ha mantenido y profundizado desde entonces está fundada en dos posiciones completamente enfrentadas con respecto del régimen político interior a cada Estado. Por un lado, tenemos una concepción de la democracia moderna como heredera de dos tradiciones: la de la soberanía popular, bajo la forma de una democracia representativa que recoge el modelo de la constitución mixta republicana, y la de los derechos subjetivos innatos – para usar la terminología de Kant –. Éstos, provenientes de variadas fuentes, hicieron su camino a través de las diversas constituciones de América y Europa hasta ser reunidos, ampliados y proclamados universalmente en la Declaración de los Derechos Humanos de la Asamblea de las Naciones

Unidas en 1948. Por el otro, se enfrenta a la anterior el persistente intento de separar drásticamente la *voluntad del pueblo* como núcleo esencial de la democracia de toda la tradición liberal de derechos y garantías, así como de la representación parlamentaria como sitio de la deliberación y la discusión que forma la opinión mayoritaria y aun de la forma de elección mediante la suma de los votos individuales. (Schmitt 1996 = 1926: 30 - 41).

Estos dos regímenes políticos, que a veces quedan confundidos bajo la etiqueta de un mismo sistema, cuando se habla, por ejemplo, de una "democracia de masas" o "plebiscitaria", están en realidad claramente contrapuestos, tanto histórica como políticamente. En efecto, la democracia moderna buscó resolver los dilemas que le presentaban los encontrados elementos provenientes de distintas tradiciones por medio del doble recurso de la representación que permitía incorporar los intereses contrapuestos de la ciudadanía en un cuerpo colegiado reducido, dentro del cual era posible la deliberación y el acuerdo, por un lado, y la elección universal de los representantes y los mandatarios por períodos acotados, por el otro. Si la política reside en una forma correcta de deliberación y discusión acerca del bien público, este procedimiento no es posible sino por medio de los principios mismos de la representación y de la publicidad, de modo tal que los mecanismos de responsabilidad previniesen el hecho de que los representantes defiendan intereses diferentes de aquellos de sus representados. A fin de asegurar que las decisiones de la mayoría respeten los derechos individuales sin que esto limite la voluntad mayoritaria por encima de toda razonabilidad, la constitución democrática de raigambre republicana introdujo una distribución de pesos y contrapesos entre los poderes del ejecutivo, del legislativo y de una justicia independiente, que haría lo que la razonabilidad de un único soberano, sea éste unipersonal o multitudinario, no podría nunca o muy raramente lograr.

A esta concepción de la democracia dentro del marco de una constitución republicana se opuso desde las primeras décadas del siglo xx otra que rechazaba toda forma de parlamentarismo, de discusión y deliberación pública en nombre de una "democracia" basada en la identidad y la homogeneidad de una masa bajo la conducción hegemónica de un partido, centrado en la voluntad y la decisión de una cúpula dirigente y de un líder carismático, que se alzaba como único representante de los intereses de aquélla (Schmitt 1996 = 1926: 47 - 90).

II

Ambas versiones de la democracia, la representativa, republicana y liberal, que se definió como el Estado democrático de derecho, y la populista, restrictiva de los derechos subjetivos e institucionalizada en un régimen dominado por un partido hegemónico, fueron desarrollándose desde la mitad del siglo xx con variadas vicisitudes según las particularidades históricas, sociales y culturales de los países, hasta el colapso de la Unión Soviética en 1991. Hasta cierto punto es posible afirmar que por largos períodos durante ese lapso los regímenes democráticos, a diferencia de las dictaduras y los regímenes de partido único, lograron contener los más agudos conflictos y las permanentes tensiones dentro de los límites de los Estados nacionales, especialmente luego de la Segunda Guerra Mundial en Europa Occidental y durante las últimas dos décadas de la mencionada centuria en América Latina. El derrumbe del socialismo real y la rápida extensión de la economía capitalista, especialmente la concentrada en el sector financiero, que se llevó a cabo a escala global en menos de una década durante los años noventa del siglo xx, han ido minando las bases sociales y, consecuentemente, políticas de la democracia y la han comenzado a sustituir por nuevos regímenes políticos.

Señalaremos los más importantes hitos de la evolución de la economía global que, a juicio de destacados economistas con perspectiva histórica, confluyeron en la reciente crisis económica, primero de Estados Unidos y, más tarde hasta la actualidad, de Europa, desde donde se ha ido expandiendo al resto del mundo. *1)* Derogación de la ley de 1933, conocida como Glass-Steagall Act, por el Congreso de Estados Unidos en 1999. Surgida en un momento álgido de la Gran Depresión (1933), creó, por una parte, un Fondo de Garantía para los depósitos bancarios hasta un cierto monto (Federal Deposit Insurance Corporation – FDIC), y separó completamente, por otra, los bancos comerciales de los bancos de inversión, por lo cual prohibió a los primeros especular con bonos, hipotecas y demás instrumentos financieros con el dinero de los clientes. Parcialmente debilitada a partir de 1960 por la constante presión desregulatoria de los grandes bancos, mediante su derogación se dejó a todo el sector financiero librado a la supuesta "auto-regulación del mercado". Como resultado, los bancos mayores duplicaron su tamaño mediante la adquisición o fusión con bancos de inversión e incrementaron sus operaciones mediante instrumentos cada vez más riesgosos, hasta el punto de volverse inmunes ante una posible quiebra por las calamitosas consecuencias que ésta traería a la economía nacional y global. Entre los más riesgosos de los nuevos instrumentos, estuvieron los paquetes creados con la fragmentación de las hipotecas y su posterior combinación en bonos que se vendían a terceros inversores, las famosas hipotecas *sub-prime*, que llegaron a sumar algunos billones de dólares. Con la quiebra del banco Lehmann Brothers, todo este andamiaje financiero se derrumbó, lo cual dio lugar a la mayor crisis económica del capitalismo en 2007-8 desde la Gran Depresión. Pese a que esta crisis puso de manifiesto la inmensa influencia negativa que tuvo en la generación de ella el crecimiento desbocado de un sector financiero sin regulación y cada vez más ávido de ganancias a costa del resto de la economía, los pasos que se dieron a fin de regular su operatoria mediante nuevas normas han sido tímidos y escasos (Stiglitz 2010: 12 – 37).

2) En 1995, como resultado de una larga negociación, se crea la Organización Mundial del Comercio, que venía a sustituir y, en parte, a ampliar los acuerdos de Bretton Woods. Como parte de las nuevas reglas sobre las transacciones internacionales que envolvían servicios, los países más desarrollados obtuvieron la supresión de controles y barreras para las transacciones financieras transnacionales, especialmente la de capitales líquidos que en lo sucesivo podrían negociar simultáneamente en los más distantes mercados. Esa nueva regulación fue acompañada por una correspondiente política impulsada desde el Fondo Monetario Internacional, que en adelante condicionaba sus préstamos a los países en desarrollo a la liberación de sus mercados financieros. Esta nueva política económica, que se aplicó sobre todo en el Sudeste Asiático, en América Latina y en los países del Este de Europa recientemente convertidos al capitalismo, tuvo un primer momento exitoso, al orientar grandes cantidades de capitales ociosos a unas economías que requerían de ellos para expandir sus inversiones y promover su desarrollo. Ese éxito, sin embargo, fue ilusorio: desde 1997 hasta 2001 se encadenaron una tras otra varias crisis, que comenzaron en el Sudeste Asiático, siguieron en Rusia, en Brasil y finalmente en Argentina, y dejaron a su paso países con una abultada deuda externa y grandes dificultades para obtener nuevos créditos, inmersos en una fuerte depresión. Así como habían llegado en tropel, los capitales financieros huyeron igualmente en masa a la primera

señal, real o imaginaria, de penuria de los países deudores (Rodrik 2011: 89 – 111). El mismo fenómeno se ha reproducido más recientemente en los países del euro del Sur de Europa e Irlanda y ha amenazado la existencia misma de la eurozona.

3) Como resultado de esta prolongada crisis en los países desarrollados, se ha ido estancando el crecimiento económico, lo cual generó grandes masas de desocupados, que en algunos países de Europa del Sur alcanzaron un cuarto de su población activa, especialmente los jóvenes recién llegados al mercado de trabajo. En América Latina se fue superando la grave crisis de fines del siglo XX y principios del XXI, especialmente en Brasil y Argentina, aunque aún queda un considerable porcentaje de la población apenas por encima del nivel de pobreza. La brecha entre el ingreso de la capa más rica de la población y las capas media y media baja se ha ido acentuando en el interior de cada país y entre diferentes países, tanto en los más desarrollados como en aquellos en desarrollo. En resumen, el legado de más de una década de crisis financiera y económica global ha sido una mayor concentración de la riqueza y una mayor desigualdad, tanto en el interior de los países como entre los países mismos.

La constante amenaza de una enorme masa flotante de dinero dispuesta a invertir en cortísimo plazo en operaciones especulativas contra bonos soberanos y divisas, que puede llevar al default en muy breve tiempo a países medianamente endeudados, se ha convertido en una poderosa palanca para domeñar los gobiernos democráticamente elegidos que se les opongan. Como efecto directo se ha producido una concentración de la decisión política en círculos cada vez más estrechos que actúan bajo una permanente presión extorsiva de los mercados financieros, los que también se valen de los organismos internacionales o regionales, por ejemplo la Comisión de la Unión Europea, como intermediarios oficiales. Como consecuencia directa, se ha ido socavando la representación de los intereses de la ciudadanía en su conjunto, mediante una conquista del poder por parte de los apoderados de una minoría concentrada y poderosa que antepone sus intereses a las necesidades de la mayoría. Del modo más manifiesto queda a la vista esta escalada de una nueva oligarquía en la tremenda presión a la que están sometidas en todas las naciones desarrolladas las instituciones básicas del Estado de bienestar.

La situación que he intentado describir a grandes rasgos tiene dos versiones distintas según la naturaleza del régimen democrático en cuestión.

En las democracias parlamentarias liberales se ha soslayado cada vez con mayor amplitud el debate parlamentario y la confrontación, tanto para discutir las medidas por tomar como para convocar la participación de los partidos que no gobiernan en la elaboración de las mismas. Cada vez más, el imperativo funcional proveniente del sector financiero se canaliza mediante un gabinete de crisis que metaboliza las demandas y las transforma a través de un manejo presupuestario cambiante, destinado a imponer siempre nuevas penurias al grueso de la población, sin que ésta pueda contrarrestarlas más que por la protesta. Dado el trasfondo constitucional con su profundo entramado democrático que tienen estos regímenes, la paulatina transformación de la Unión Europea en un espacio transnacional regido por un "club de jefes de Estado" ha hecho más evidente el desvío oligárquico en su evolución post crisis (Habermas 2011: 39 – 48).

En las democracias plebiscitarias, por el contrario, el cambio se hizo mediante un repliegue soberanista del poder oligárquico, bajo el pretexto de resistir a la presión de la globalización. Como diversos autores lo han señalado desde mediados de los años noventa, existe no sólo en América Latina sino también en otras naciones recientemente convertidas a la democracia, como las de Europa del Este, un paulatino desvío hacia formas de "democracias delegativas", como las designó Guillermo O'Donnell, (2009), o de neo-populismo, como lo denominaron otros autores (Weyland 2001; De la Torre 2009; Guariglia 2011). Estos regímenes están caracterizados por el encumbramiento de un líder populista que se presenta como un salvador que habrá de pulsar sin intermediarios las necesidades y los deseos de la masa de individuos, especialmente de los que se sienten excluidos o rechazados de la corriente central de la democracia institucionalizada. Este aspecto de redención ha estado siempre presente en las dos tradiciones, la democrática extrema y la republicana popular, que heredó, moderándolas, la república representativa. No es, por tanto, sorprendente que las masas motivadas por las expectativas salvíficas, despertadas por el carisma del líder populista, consideren que el poder de ellas y del líder que las representa de modo directo esté por encima no solamente de los otros poderes, el legislativo y el judicial, sino también por encima de la normativa constitucional e incluso de la internacional como, por ejemplo, las Convenciones que ratificaron la Declaración de los Derechos Humanos civiles, políticos, económicos y sociales (véase sobre Chávez, Correa y Morales, de la Torre 2009: 25 y ss.). Este fervor dinámico, que se exhibe como una réplica a la tradición ética y política liberal, es el que los defensores más entusiastas del populismo como un sistema político bipolar permanente subrayan de modo enfático (Mouffe 2000: 13 – 17; Laclau 2005: 150 – 161, 199 y ss.).

III

Inspirándose en la amarga experiencia que sufrió el intento de adecuar toda su economía a las reglas impuestas por la globalización durante la vigencia de la Ley de Convertibilidad del peso con el dólar en Argentina desde 1991 hasta la gran crisis de 2001 – 02, el economista de Harvard Dani Rodrik ha formulado una hipótesis sobre los obstáculos insalvables que se yerguen para que la globalización y la democracia dentro de los Estados nacionales funcionen armónicamente. Propone una figura que denomina "el *trilema* político de la economía mundial", que consiste en un triángulo que no puede terminar de cerrarse, porque la unión de dos de sus ángulos excluye al tercero. Estos tres ángulos son: *Hiperglobalización – Nación Estado – Políticas democráticas*. Para integrarse plenamente a la economía global, un país debe someterse a una *camisa de fuerza* que restringe drásticamente sus opciones: rebaja general de sus aranceles de importación de bienes y servicios, a fin de someter a todas sus industrias y servicios a la presión de la competitividad del mercado mundial; eliminación de toda barrera que impida el libre flujo de los capitales financieros; fuerte baja del gasto público a fin de no incurrir en déficits superiores a un bajo nivel calculado en porcentajes del producto interno bruto, para no despertar la desconfianza de los inversores especulativos; por tanto, una constante presión a la baja sobre los salarios, las pensiones y las prestaciones estatales del Estado de bienestar, etc.. Todas estas medidas terminan por provocar un rechazo de los ciudadanos que puede expresarse por medios directos, como ocurrió con las protestas que conmovieron al país a fines de 2001 en Argentina, o por medio de la aparición de movimientos populistas que prometen llevar a cabo todo lo contrario, o por ambos, como fue el resultado final de la frustrada experiencia argentina. En otras palabras, hiperglobalización y democracia nacional son incompatibles.

La alternativa que queda abierta, a saber, mantener en las manos de cada Estado nacional la capacidad de llevar adelante políticas que mantengan los beneficios de un Estado de bienestar, protejan sus industrias, especialmente aquellas que se hallan aún en una etapa incipiente, y los servicios, de modo de mantener un bajo nivel de desempleo, impone necesariamente poner barreras que protejan a los países de una apertura indiscriminada al mercado global, o, en otras palabras, que los preserven de los bruscos cambios de flujos que provoca la globalización (Rodrik 2011: 184 – 205). En resumidas cuentas, la estabilidad de los Estados nacionales que pretenden mantener sus políticas y responder a las demandas domésticas de sus ciudadanos excluye una completa integración bajo las reglas que dicta la hiperglobalización.

Este aislamiento, a su vez, puede ser y en los hechos ha sido sumamente perjudicial para la democracia, dado que una economía cerrada detrás de altas barreras arancelarias, por un lado, alimenta inevitablemente una enorme burocracia para ejercer un amplio control discrecional de todas las transacciones comerciales y, por el otro, crea un *capitalismo de amigos* en el interior del propio país, que rápidamente se desliza a una forma de oligarquía corrupta, con una cúpula dominante formada por el entramado de funcionarios políticos y empresarios privilegiados. Así se retroalimentan los regímenes populistas sustentados sobre un partido hegemónico, que se nutre con los recursos tanto del Estado como de la corrupción protegida por éste para solventar los medios con los que sufraga una base clientelista de cuasi marginados del sistema por sus mismas políticas (Guariglia 2010*b*: 183 – 215). Impedir, en consecuencia, que los otros dos poderes, el legislativo y el judicial, cumplan con su papel de control y de debate de los asuntos públicos se convierte en una cuestión de supervivencia para la forma populista de gobierno.

Es innecesario destacar que la exposición hecha hasta aquí no permite abrigar una expectativa optimista con respecto al futuro de la democracia en lo que resta del siglo XXI. Esta perspectiva sombría es una de las más acuciantes incitaciones para explorar qué posibilidades se abren a fin de enderezar esta pendiente cada vez más pronunciada hacia dos formas de oligarquía, opuestas entre sí pero ambas opresivas por igual. Dicho de otro modo, debemos indagar, al menos en teoría, si es factible todavía responder afirmativamente a esta pregunta: ¿Hay un derecho humano a la democracia?

IV

Antes de discutir las posibles respuestas dentro del marco propuesto en este trabajo, es aconsejable señalar el alcance que aquí propongo e indicar expresamente qué cuestiones se dejan explícitamente de lado. Comencemos por un dato histórico: la palabra "democracia" no figura en la Declaración de 1948 de un modo consciente y por muy buenas razones. El grupo más activo en el Comité de las Naciones Unidas a cargo de la redacción, bajo la conducción de Eleanor Roosevelt, pese a estar compuesto por representantes de naciones tan diferentes como Canadá (J. Humphrey), Chile (H. Santa Cruz), China - aún bajo el gobierno nacionalista- (P.C. Chang), Francia (R. Cassin) y Líbano (Ch. Malik), tenía plena conciencia de la nada disimulada resistencia de otros países gobernados por una u otra forma de régimen totalitario, como el bloque de la Unión Soviética y Europa Oriental bajo J. Stalin, o teocrático, como Arabia Saudita, quienes de entrada estaban dispuestos a denunciar una lista de principios considerados solamente válidos para las naciones occidentales (Glendon 2001: 143 – 241; Rich 2001: 20 – 33 para los comentarios y las ampliaciones subsiguientes). No era, por lo tanto, cuestión de agravar esta resistencia recomendando una determinada institución política como la más apta para hacer realidad todos esos derechos. Pese a ello, es claro, como ha señalado por ejemplo J. Rawls, que los derechos enumerados en los dos primeros artículos y a partir del artículo 19° son más propios de democracias liberales y no estarían incluidos en los derechos reconocidos por regímenes jerárquicos decentes (1999: 79 – 80, n. 23). Siguiendo esta misma línea, J. Cohen ha separado recientemente los derechos propios de una sociedad justa de los derechos humanos en sentido estricto, que se limitarían aproximadamente al núcleo básico propuesto por Rawls. De acuerdo con él, no habría, en consecuencia, un derecho humano universal a la democracia (Cohen 2010: 349 y ss.; en contra, Gilabert 2012: 12 – 20). Dejo de lado la discusión de esta controvertida tesis y me limito a considerar un alcance más modesto de la pregunta antes formulada, a saber, si hay un derecho humano a la democracia en aquellas naciones que desde hace por lo menos un centenario o más, como es el caso de América Latina y la gran mayoría de las naciones de Europa, se dieron una constitución democrática.

En consecuencia, debo reformular la pregunta que hice al inicio de este parágrafo de la siguiente manera: ¿Hay un derecho humano a retener todos los derechos establecidos en la Declaración Universal y garantizados por una constitución democrática frente a las amenazas tanto externas como internas de disolución de éstos que se ciernen en la presente coyuntura internacional? Retomo como punto de partida para responder esta intrincada cuestión el más importante de los pares de opuestos sustentados por Rodrik: la incompatibilidad entre globalización, en sentido amplio, y democracia constitucional. Se han dado varias tesis que se pueden agrupar en dos campos, aunque dentro de cada uno de ellos las consecuencias extraídas y las razones que las apoyan pueden ser completamente contradictorias: *i)* los incompatibilistas totales, y *ii)* los compatibilistas en varios grados, que van de un modo completo a uno muy restringido.

i) Existen dos grupos de incompatibilistas, enfrentados por las políticas contrarias que cada uno sostiene. Ambos se apoyan en un tradicional escepticismo realista, que admite como un hecho irreversible de la etapa actual del capitalismo la hiperglobalización tanto de los medios de comunicación como de los mercados financieros y del comercio internacional, lo que impone por inevitables presiones de *competitividad* el desmantelamiento del Estado de bienestar de las democracias nacionales. De esta tesis se siguen dos políticas diametralmente opuestas: la que promueve un cerrado proteccionismo dentro de las fronteras nacionales, un parroquialismo dualista en el plano jurídico, que rebaja el derecho internacional a meros tratados coyunturales, y una relativización de los derechos humanos dentro de ese espacio, que escoge aquellos que convienen a sus propósitos, desechando todo el resto; y la que acepta la hiperglobalización, la agenda de un Estado mínimo, el progresivo desmantelamiento del Estado de bienestar, el recorte de los derechos humanos exclusivamente a aquellos que protegen los derechos civiles y políticos y rechazan todo compromiso normativo con la solidaridad, el desarrollo y la justicia global (Nagel 2005: 113 – 47; Buchanan – Powell 2008: 326 – 344; Keohane – Macedo – Moravcsik 2009: 1 – 31).

ii) Los compatibilistas, por su parte, comprenden una variedad de grupos de acuerdo con el grado de compatibilidad que admiten. Me limitaré aquí a presentar los dos casos a mi juicio más representativos. Quienes admiten, explícita o implícitamente, una compatibilidad completa entre una democracia constitucional liberal y un sistema de derecho internacional basado en los tratados multilaterales y en la Declaración Universal y las Convenciones sobre derechos humanos, sostienen que todo individuo humano tiene un deber con respecto a otro que sufre necesidades dentro de un esquema institucional que pasa por encima de las fronteras nacionales y abarca todo el planeta (Pogge 2007: 11 – 54; Caney 2007: 275 – 302, etc.). El otro grupo que escojo es el que admite unas razonables dificultades para compatibilizar la estructura normativa de una democracia constitucional republicana y los requerimientos de adecuación que demanda un "robusto derecho internacional", que incluye tanto los tratados multilaterales como la Declaración y las Convenciones sobre los derechos humanos tanto civiles y políticos como económicos y sociales (Buchanan – Powell 2008: 344 – 349; Sengupta 2007: 323 – 344; Guariglia 2007: 345 – 357; 2010: 123 – 140).

Dado que me alineo en este último grupo, enunciaré sus puntos más importantes, que a mi juicio distinguen esta posición de todas las demás. El primer punto es una especificación de carácter general sobre el derecho doméstico y el internacional, que desde la perspectiva que defiendo son considerados como una continuidad, pese a los obstáculos que pueden ocasionar algunos conflictos con normas particulares. Por cierto, a fin de garantizar que se trata efectivamente de un sistema continuo, es necesario establecer un orden jerárquico entre las normas de diversa procedencia y de distinto contenido. Desde hace tres cuartos de siglo se ha ido sosteniendo cada vez con mayor consenso la existencia de un *jus cogens* que ningún tratado puede contradecir porque está en la base misma de cualquier derecho de gentes (Verdross: 1937, 571 – 77; 1966, 55 – 63; Meron: 1986, 1 – 23; Charney: 1993, 529 – 51; y, por último, Shelton: 2006, 291 – 323, quien presenta una amplia discusión del tema). En la jerarquía de normas ocupó desde el comienzo un lugar en la cúpula la vigencia de los derechos humanos, reforzada a partir de la creación de las Naciones Unidas por su expresa mención como uno de los principales fines por promover en el Art. 1°(3) de la Carta, cuyos contenidos y alcance fueron explicitados más tarde en la Declaración Universal de 1948. La protección de estos derechos *in toto*, por ende, constituye un objetivo prioritario que constriñe el alcance de cualquier otra norma o tratado que regule aspectos específicos de carácter político, económico, social, etc.

La aplicación de este principio dentro de la estructura de una democracia constitucional podrá requerir en muchos casos una adecuación dinámica de ésta a las exigencias de un derecho internacional prioritario, no solamente en la parte declarativa sino también en la creación de leyes y la administración diaria de justicia. El único modo de que esta exigencia sea respetada, por su parte, reside en la consolidación, la expansión y la extensión, incluso por encima de las fronteras, de las formas y los procedimientos propios de la democracia: una garantía de igualdad de los ciudadanos, que incluye un derecho a igual participación en los cargos y oficios públicos (art. 1° y 21° DHR); un derecho a sostener y a expresar públicamente su pensamiento y a recibir y transmitir información y opiniones a través de los medios de comunicación disponibles (art. 19° DHR); un derecho a gozar de un nivel de vida adecuado a una vida sana y al bienestar de uno mismo y de su familia (art. 25° DHR), etc.

¿Cómo conciliar el respeto por el conjunto de estos derechos con las enormes presiones provenientes de la globalización económica y particularmente de los mercados financieros, con el abierto o solapado apoyo de instituciones internacionales como el Fondo Monetario Internacional, al menos en su escandalosa etapa bautizada como el "Consenso de Washington"? (Williamson 2004; Rodrik 2011: 164 – 173). ¿Cómo contrarrestar esas presiones y equilibrar las oportunidades que ofrece una nueva etapa del comercio internacional para el desarrollo de los países emergentes con la necesaria protección de las fuentes de trabajo y la existencia de empresas nacionales que puedan sobreponerse y crecer en competencia con distantes y más aventajados productores, sin caer en un encierro compulsivo de los ciudadanos en el interior de las fronteras nacionales, y en una prohibición de facto de viajar afuera de ellas? (*contra* art. 13° DHR). Puedo seguir enumerando otros similares enigmas, pero es suficiente con éstos como ejemplos demostrativos de las alternativas de hierro que se les presentan a las administraciones de los Estados nacionales. No es posible extenderme aquí en los detalles de una compleja propuesta para zafar, al menos en lo que respecta a los países de América Latina, de la doble amenaza de un desvío oligárquico: por un lado, en las democracias republicanas, hacia la sustitución de los intereses de la ciudadanía en su conjunto por los de una minoría concentrada que conquista el poder; por el otro, hacia la concentración de todos los poderes en manos de un líder populista y de un partido hegemónico, que pugna por controlar y ejercer discrecionalmente todas las funciones del Estado. La cura de la democracia es más democracia. En otros términos, si la democracia encerrada en las fronteras de un Estado nacional va siendo cada día más debilitada por el persistente embate de la especulación financiera, del comercio llevado a cabo en condiciones de desventaja a favor de las potencias más desarrolladas, o por los desequilibrios políticos de la organización internacional, no hay otra salida mejor y más prometedora que extender la democracia a organizaciones internacionales regionales, con intereses y objetivos comunes tanto para su defensa como para la instauración de fines compartidos por todos. Extender la democracia va mucho más allá de crear clubes exclusivos para ejecutivos y burócratas, que se reúnen una vez por año y compiten en presentar propuestas vacuas y en pronunciar diatribas engoladas. Se trata de crear, al comienzo, espacios comunes de deliberación y discusión abiertos a la ciudadanía de todos las naciones involucradas, en donde se presenten y analicen problemas específicos que en mayor o menor medida todos ellas tienen que enfrentar y se propongan soluciones alternativas, para que sean estudiadas y desarrolladas por comisiones de expertos y, finalmente, aprobadas para ser defendidas en común en los foros internacionales, como, por ejemplo, el G-20 (al que Argentina, Brasil y México contribuyeron a fundar). El Mercosur, la Comunidad Andina y la reciente Unasur (aún vacía como institución) podrían ser un primer paso hacia la formación de este ámbito transnacional de publicidad y comunicación efectiva, de conformación de una opinión pública surgida de la deliberación y el debate razonable, cuya savia liberadora puede ser el alimento de una futura democracia transnacional. Por cierto, esa apertura hacia una extensión de los procedimientos democráticos más allá de las fronteras nacionales exigirá, a la inversa, una profundización de esos mismos procedimientos en el interior de esas fronteras, que limite el funesto poder discrecional, secretista y auto-interesado tanto de las oligarquías basadas en el poder financiero como de aquellas otras que, bajo capa de proteger a los más necesitados, infringen cada vez más desembozadamente las garantías y los derechos humanos y constitucionales de la democracia.

Bibliografía y referencias

Archibugi, D. (2008). *The Global Commonwealth of Citizens*. Princeton - Oxford: U.P.

Aristóteles, *Pol: Politica*, editada por W.D. Ross (1957). Oxford: Clarendon Press.

Bohman, J. (2007). *Democracy across Borders*. Cambridge, Mass.: MIT Press.

Bohman, J. y Richardson, H. (2009). Liberalism, Deliberative Democracy, and 'Reasons that All Can Accept'. *Journal of Political Philosophy* 17, pp. 253-274.

Botana, N., (2010). Editor. *Argentina 2010: entre la frustración y la esperanza*. Buenos Aires: Taurus.

Buchanan, A. y Powell, R. (2008). Constitutional Democracy and the rule of International Law: are they Compatible?. *Journal of Political Philosophy* 16, pp. 326-349.

Bueno de Mesquita, B. Smith, A. (2011). *The Dictator's Handbook*. New York: Public Affairs.

Caney, S. (2007). Global Poverty and Human Rights: The Case for Positive Duties, en: Pogge. (2007), pp. 275-302.

Canovan, M. (1999). Trust the People! Populism and the Two Faces of Democracy. *Political Studies*. 47, pp. 2-16.

Center for the Study of Human Rights. (1994). *Twenty-Five Human Rights Documents*. New York: Columbia University.

Charney, J. (1993). Universal International Law. *American Journal of International Law* vol. 87, pp. 529-51.

Cohen, J. (2010). *The Arc of the Moral Universe*. Cambridge, Mass: Harvard U.P.

De la Torre, C. (2009). Populismo radical y democracia en los Andes. *Journal of Democracy en Español*, I, 24-37, accesible en: http://www.journalofdemocracye-nespanol.cl/pdf/delatorre.pdf, volumen 1, julio 2009.

De la Torre, C. (2010). *Populist Seduction in Latin America* 2ª. Ed, Athens: Ohio U.P.

Di Tella, T. (1997). Populism into the Twenty-first Century. *Government and Opposition* 32, pp. 187-200.

Gargarella, R. editor (2011). *La constitución en 2020*. Buenos Aires: Siglo XXI.

Gerchunoff, P. (2010). "Causas y azares… en más de un siglo de historia económica argentina", en: Russell, ed. (2010), pp. 103-166.

Gilabert, P. (2012). Is There a Human Right to Democracy? A Response to Joshua Cohen. *Revista Latinoamericana de Filosofía Política* I n° 2, accesible en: http://www.rlfp.org.ar/is-there-a-human-right-to-democracy/

Glendon, M.A. (2002). *A World Made New*. New York: Random House.

Guariglia, O. (2007). Enforcing economic and social human rights. En: Pogge, ed. (2007), pp. 345-357.

Guariglia, O. (2010a). *En camino de una justicia global.* Barcelona – Madrid: Marcial Pons.

Guariglia, O. (2010b). La República y la ética: una relación conflictiva. En: Botana, ed. (2010) pp. 183-215.

Guariglia, O. (2011) La democracia en América Latina: la alternativa entre populismo y democracia deliberativa. *Isegoría* n° 44, pp. 57-72.

Habermas, J. (1992). *Faktizität und Geltung: Beiträge zur Diskurstheorie des Rechts und des demokratischen Rechstaats*, Francfort: Suhrkamp.

Habermas, J. (1997). *Die Einbeziehung des Anderen: Studien zur politischen Theorie.* Francfort: Suhrkamp.

Habermas, J. (2011). *Zur Verfassung Europas.* Francfort: Suhrkamp.

Hobsbawm, E. (2007). *Globalisation, Democracy and Terrorism.* London, Little: Brown.

Kelsen, H. (1981 = 1929). *Vom Wesen und Wert der Demokratie.*Aalen: Scientia Verlag.

Kelsen, H. (1958). Die Einheit von Völkerrecht und staatlichem Recht. *Zeitschrift für ausländisches öffentliches Recht und Völkerrecht* vol. 19, pp. 234-48.

Kelsen, H. (1982). *Teoría pura del derecho*, trad. cast. de la 2ª edic. de R. J. Vernengo. Universidad Autónoma de México, México. Accesible también en: http://www.bibliojuridica.org/libros/3/1039/1.pdf.

Keohane, O., Macedo, St., y Moravcsik, A. (2009). Democracy-Enhancing Multilateralism. *International Organization* 63, pp. 1-31.

Lauren, P. G. (2003). *The Evolution of International Human Rights.* 2ª edic. Filadelfia: U. Pennsylvania Press.

Laclau, E. (2005). *La razón populista.* Buenos Aires: Fondo de Cultura Económica.

Meckled-García, S. (2008). On the Very Idea of Cosmopolitan Justice: Constructivism and International Agency. *Journal of Political Philosophy* vol. 16, pp. 245-71.

Meron, Th. (1986). On a Hierarchy of International Human Rights. *American Journal of International Law* vol. 80, pp. 1-23.

Michelman, F. (1986). Foreword: Traces of Self-Government. *Harvard Law Review* 100, 4-77.

Mouffe, Ch. (2000). Deliberative Democracy or Agonistic Pluralism. Institute of Advanced Studies. Vienna: Political Science Series, accessible en: http://space.ihs.ac.at/newpage/-IHS-Departments-2/Political-Science-1/Publications-18/Political-Science-Series2/Publications-19/publication-page:5.htm.

Nagel, Th. (2005). The Problem of Global Justice. *Philosophy & Public Affairs* 33, pp. 113-47.

Nino, C.S. (1997). *La constitución de la democracia deliberativa*. Barcelona: Gedisa.

O'Donnell, G. (1994). Delegative Democracy. *Journal of Democracy* 5, pp. 55-69; traducción española, Democracia Delegativa. *Journal of Democracy en Español* I, (2009), pp. 7-23, accessible en: http://www.journalofdemocracyenespanol.cl/pdf/odonnell.pdf, volumen I, Julio 2009.

O'Donnell, G. (2010). El riesgo de un deslizamiento de la democracia al autoritarismo. *Clarín*, 12-01-2010.

Patten, A. (1996). The Republican Critique to Liberalism. *British Journal of Political Science* 26, pp. 25-44.

Pettit, Ph. (1997). *Republicanism: A Theory of Freedom and Government*. Oxford: Clarendon Press.

Pettit, Ph. (2002). Keeping Republican Freedom Simple. *Political Theory* 30, pp. 339-356.

Pogge, Th. (2002). *World Poverty and Human Rights*. Cambridge: Polity Press.

Pogge, Th. (2005). Real World Justice. *Journal of Ethics* 9 (1-2), pp. 29-53.

Pogge, Th., ed. (2007). *Freedom from Poverty as a Human Right: Who Owes What to the Very Poor?*. Oxford and New York: Oxford U.P.

Rawls, J. (1993). *Political Liberalism*. New York: Columbia U.P.

Rawls, J. (1999). *The Law of Peoples* with "The Idea of Public Reason Revisited". Cambridge, Mass. - Londres: Harvard U.P.

Rich, R. (2001). Bringing Democracy into International Law. *Journal of Democracy* 12, pp. 20-34.

Roberts, K. (1995). Neoliberalism and the Transformation of Populism in Latin America. *World Politics* 48, pp. 82-116.

Roberts, K. (2006). Populism, Political Conflict, and Grass-Roots Organization in Latin America. *Comparative Politics* 38, pp. 127-148.

Rodrik, D. (2011). *The Globalization Paradox: Democracy and the Future of the World Economy*. New York: W.W. Norton.

Romero, L.A. (2010). Democracia, república y Estado: cien años de experiencia política en la Argentina. En: Russell, editor. (2010). pp. 15-102.

Russell, R., ed. (2010). *Argentina 1910-2010: Balance del siglo*. Buenos Aires: Taurus.

Schmitt, C. (1996 = 1926). *Die geistesgeschichtliche Lage des heutigen Parlamentarismus*. Berlin: Duncker & Humblot.

Schmitt, C. (1988 = 1938). *Die Wendung zum diskriminierenden Kriegsbegriff.* Berlin: Duncker & Humblot.

Schmitt, C. (1996 = 1922) *Politische Theologie.* Berlin: Duncker & Humblot.

Sen, A. (2000). *Development as Freedom.* New York: Anchor Books.

Sengupta, A. (2007). Poverty Eradication and Human Rights. en: Pogge, editor. (2007). pp. 323-44.

Shelton, D. (2006). Normative Hierarchy in International Law. *American Journal of International Law.* vol. 100, pp. 291-323.

Shue, H. (1988). Mediating Duties. *Ethics* 98, pp. 687-704.

Shue, H. (1996). *Basic Rights.* 2^d edit. Princeton: Princeton U.P.

Singer, P. (2004). *One World: The Ethics of Globalization.* 2^d edit. New Haven and London: Yale University Press.

Stiglitz, J. E. (2002). *Globalization and Its Discontents.* New York: W.W. Norton.

Stiglitz, J. (2006). *Making Globalization Work.* New York: W.W. Norton.

Stiglitz, J. (2010). *Freefall: America, Free Markets, and the Sinking of the World Economy.* New York: W.W. Norton.

United Nations Committee of Human Rights. *General Comment No. 25: The right to participate in public affairs etc.*, 07/12/1996. Accesible en: http://www.unhchr.ch/tbs/doc.nsf/(Symbol)/d0b7f023e8d6d9898025651e004bc0eb?Opendocument.

United Nations Commision on Human Rights. *Promotion of the right to Democracy,* Resolution 1999/57.

Verdross, A. (1937). Forbidden Treaties in International Law. *American Journal of International Law* vol. 31, pp. 571-77.

Verdross, A. (1966). Jus Dispositivum and Jus Cogens in International Law. *American Journal of International Law* vol. 60, pp. 55-63.

Weyland, K. (2001). Clarifying a Contested Concept: Populism in the Study of Latin American Politics. *Comparative Politics* 34, pp. 1-22.

Williamson, J. (2004). A Short History of the Washington Consensus. Accessible en: http://www.iie.com/publications/papers/williamson0904-2.pdf.

Capítulo II
La anomia y la teoría política de la oligarquía

Osvaldo Guariglia

I La anomia "boba"

Un país al margen de la ley es sin duda un libro atípico dentro de la producción de Carlos Nino. Si bien constituye un ensayo, el rubro bajo el cual uno lo clasificaría es problemático. Desde mi perspectiva, es un claro intento de proponer una *teoría política* de la Argentina contemporánea, considerada desde dos ángulos contrapuestos. Por un lado, Nino tiene como uno de sus presupuestos implícitos un estándar muy alto de *democracia* como un régimen político ideal, o, en otras palabras, su propia concepción de la *democracia deliberativa* como estándar normativo de referencia. Por el otro, presenta una reconstrucción muy crítica de la vida institucional argentina, especialmente de su historia jurídica, constitucional y económico-social. El resultado es la descripción de un escenario caótico en cierto modo, en el que las leyes, incluida la Constitución, se tergiversan o se desconocen, las normas se proclaman pero no se cumplen o sólo en parte, los deberes sociales, como la obligación de pagar impuestos, se evaden y las sanciones, así como toda transacción entre particulares y el Estado, se "arreglan" mediante sobornos.

Nino da una caracterización general de este estado de cosas mediante su definición de *anomia boba*:

> [U]na acción colectiva es anómica, en el sentido de ilegalidad "boba" que aquí nos interesa, si ella es menos eficiente que cualquier otra que se podría dar en la misma situación colectiva y en la que se observara una

> *cierta* norma. [...] Hay anomia boba sólo cuando la acción colectiva en cuestión se caracteriza por la inobservancia de normas y hay al menos una cierta norma que conduciría a una acción colectiva más eficiente en la misma situación (2011: 39).

A partir de este postulado, la estrategia que Nino sigue se propone encontrar una explicación hipotética factible de develar el enigma de la anomia en la vida institucional y social de Argentina. Se abren para ello dos tipos de explicaciones, que él confronta entre sí antes de decidirse por una de ellas: las teorías conspirativas y las que recurren a "la mano invisible". Nino escoge estas últimas, en especial las que aporta la teoría de los juegos en sus diversas variantes: el dilema del prisionero, el juego de la gallina, etc. El *quid* de esta estrategia está en la comprobación de que, a partir de las interacciones de individuos interesados exclusivamente en su propio beneficio, ellos tienen la más alta probabilidad de quedar entrampados en las peores situaciones posibles para sus propios intereses, precisamente por la carencia de motivos altruistas que los induzcan a colaborar entre sí. De allí surge la clave para una posible superación de la anomia: ésta está dada por la vigencia de las normas *morales* propias de una ética *universalista*, que motiva a los agentes a actuar por pura convicción siguiendo la norma, es decir, sin cálculos de beneficios y perjuicios y teniendo siempre en vista su aplicación imparcial para todos los afectados (2011: 188 -193). Sin una vigencia efectiva de la norma moral resulta imposible pensar siquiera un escape de la situación de anomia en que se encuentran los agentes, ya que la obediencia a todas las demás normas jurídicas, sociales, etc., presupone la disposición moral a cumplir con ellas. Con esto llegamos a un cierre circular en la propuesta de Nino, dado que la disposición de actuar siguiendo normas morales y jurídicas y de aplicar imparcialmente las prescripciones que provienen de éstas, comenzando por las contenidas en la misma Constitución, presuponen una previa educación ciudadana dentro de un régimen político que tenga como meta la formación de individuos autónomos, que estén dispuestos a defender sus derechos y los de los otros ciudadanos en un sistema común de libertad e igualdad. En otros términos, ética universalista y democracia liberal igualitaria son el anverso y el reverso de una misma moneda.

No tengo impedimento en admitir que durante gran parte de mi vida he abrigado – y en cierto modo sigo abrigando – una convicción socrática semejante a la de Nino, a saber: que es suficiente que los ciudadanos de una nación comprendan sus derechos como personas libres e iguales para que admitan al mismo tiempo sus obligaciones con respecto a todos los demás ciudadanos, bajo la garantía común de una democracia republicana lo más participativa posible. La demoledora década con la que se inició el siglo XXI cambió totalmente la perspectiva de la vida política y social no solamente en Argentina sino también en países con una democracia sólidamente asentada, como Estados Unidos y las naciones pertenecientes a la Unión Europea. En otros términos, se hizo patente un peligro que acompaña a la democracia desde sus mismos orígenes: su conversión en una *oligarquía*.

II Dos criterios de justicia: el democrático y el oligárquico

En el libro III de la *Política*, Aristóteles formula, con la crudeza y la claridad que siempre utiliza al presentar sus análisis de los regímenes políticos, los dos criterios irreconciliables que distinguen a la democracia de la oligarquía:

> Tomemos qué rasgos son los que se consideran propios de la oligarquía y de la democracia y en qué consiste la justicia oligárquica y la democrática, pues todos se aferran a una noción de justicia pero avanzan sólo hasta un cierto punto y no expresan plenamente qué es la justicia en sentido absoluto. [...] Puesto que juzgan sobre lo que directamente los atañe, la mayor parte de ellos son malos jueces de sus propios asuntos. [...] Quienes sostienen la oligarquía y quienes la democracia están hablando en cada caso de lo que es justo hasta un cierto punto, pero que ellos consideran ser *absolutamente* justo. Unos [los partidarios de la oligarquía], en efecto, si son desiguales en *riquezas* [con respecto a los otros ciudadanos] se creen que son *completamente desiguales*, los otros [los partidarios de la democracia] creen que por ser iguales en un aspecto, por ejemplo, haber nacido libres, son *completamente iguales* (*Pol.* III 9, 1280a 7-25).

Lo que Aristóteles sostiene es que, partiendo de situaciones en que los ciudadanos se encuentran en posiciones completamente desiguales en riqueza y poder, el *criterio de justicia* que aplicarán los unos, privilegiados, y los otros, desprotegidos, estará sujeto sistemáticamente a controversias: los privilegiados considerarán justo *mantener y proteger todas sus ventajas*, comenzando por el poder político, mientras que los desprotegidos intentarán hacer valer su número para imponer una distribución más equitativa del poder. Éste es el núcleo duro de una teoría política de la oligarquía, que encuentra su correlato en otro extremo, el núcleo duro de la democracia extrema.

III Una breve reseña de la primera década del s. XXI

Una rápida revista a la reciente historia económico-social de Argentina y de Estados Unidos permitirá vislumbrar con claridad una tendencia que se ha hecho general en el mundo globalizado actual. Comenzando por la primera, el PBI descendió -10,7% el cuarto trimestre del año 2001, -16,3% el primero de 2002 y -14,9% el segundo de ese año. Consecuentemente, la pobreza había pasado de 43,7% de la población en octubre de 2001 al 49,7% de pobreza y 22,7% de indigencia en mayo de 2002, una vez producidos el abandono de la convertibilidad y la abrupta devaluación que lo siguió. En números de habitantes, la situación es más chocante aún: en mayo de 2002, alrededor de 20 millones de personas tenían ingresos por debajo de la línea de pobreza y 9,6 millones de ciudadanos por debajo de la línea de indigencia (Redondo: 2002, 12 – 15). Luego de más de diez años, durante los cuales se asistió, primero, a una recuperación y, más tarde, a un aumento pronunciado del PBI (proceso ayudado por el crecimiento sostenido del precio de los cereales que exporta Argentina ,cuyo pico se alcanzó en 2012), la situación sigue siendo altamente desigualitaria: entre el 24,5% y el 26,4% de la población sigue estando por debajo de la línea de pobreza, esto es: unos diez millones de habitantes (Salvia 2013). Si tomamos el PBI per cápita de Argentina para el año 2012, que es de US$ 11573, y lo descomponemos por los deciles de la población, encontramos que a los cuatro deciles más bajos en su conjunto les corresponden US$ 1272, mientras que el decil más alto alcanza a US$ 33915; de modo que el ingreso de los cuatro primeros deciles equivale a 0,037 del ingreso del decil más alto, que a su vez es tres veces superior al ingreso de los deciles ocho y nueve que inmediatamente lo preceden (datos del FMI y la CEPAL, 2012). La concentración de la riqueza en el 10% más acaudalado de la población es un hecho que estos datos ponen patentemente en evidencia y que se corresponde con un índice de desigualdad Gini de 0,49.

Una muy breve reseña de la situación actual de la economía norteamericana después de los últimos cinco años de depresión mostrará un panorama social que comienza a semejarse con notoriedad al que tradicionalmente ofrecen las grandes economías latinoamericanas: México, Brasil y Argentina. En efecto, las ingentes sumas, que superaron los dos billones de dólares, destinadas por el gobierno federal luego de la quiebra de Lehman Brothers y Bear Stearns a salvar a los más grandes bancos, dejaron, por otro lado, a millones de ciudadanos desalojados de sus casas y desempleados, con una ayuda temporaria de desempleo de unos pocos meses y sin muchas perspectivas de conseguir un nuevo empleo a su término (Stiglitz 2010: 27 – 57). En términos generales, ha habido un profundo retroceso de la clase media y una aguda polarización de los ingresos entre los deciles más altos y más bajos de la población. El decil de los más ricos acumula el 49,7% de todo el ingreso de Estados Unidos, y dentro de este decil, la mitad, equivalente a unos seis millones de ciudadanos, recibe el 38,6% de todo el ingreso creado anualmente (Winters 2011: 215). El coeficiente Gini que, como dije, mide la desigualdad dentro de una determinada nación, ha pasado de 0,4 en la década de los ochenta a 0,48 en 2012 (Stiglitz 2012: 28 – 29).

No puedo extender aquí esta tediosa recopilación de ciertos datos claves del estado de las economías a las grandes democracias de la Unión Europea, y me limitaré a hacer una referencia general a la sostenida crisis que se ha abatido sobre ella desde 2008/09 hasta la actualidad, que ha afectado sobre todo a los países del Sur, Grecia, Portugal, España e Italia, pero también a Irlanda, a Gran Bretaña, a Francia y, más recientemente, a la misma Alemania, aunque sin la gravedad con la que ha castigado a las naciones más débiles. En todas partes las consecuencias sociales han sido similares: el hundimiento de los sectores más bajos y de las clases medias, el aumento del desempleo, en algunos casos a cimas impresionantes, como en España con el 27% de la población activa sin trabajo, y el consiguiente crecimiento de la pobreza y la desigualdad.

IV La teoría política de la oligarquía

Regreso a la cuestión de teoría política que dejé planteada más arriba con la cita de Aristóteles, y cuyo interrogante central es si, como consecuencia de esta enorme concentración de riqueza en pequeñas minorías tanto en los países desarrollados como en los emergentes, ha surgido una nueva visión propiamente *oligárquica* de las instituciones políticas y de su manejo administrativo. Dicho de un modo aún más provocativo, ¿ha aparecido como alternativa a la *teoría política de la democracia* una *teoría política de la oligarquía*? Evidentemente, sí. En lo que sigue, trataré de resumir cuáles son sus puntos de partida y, fundamentalmente, los fines que pretende lograr mediante un uso pragmático de los abundantes medios que sus defensores tienen a su disposición.

Por cierto, dadas las profundas diferencias entre aquellos regímenes que corresponden a países social e institucionalmente desarrollados, al menos desde 1945 hasta la actualidad, y aquellos otros, como los de América Latina, cuya definitiva institucionalización no lleva más de tres décadas, y cuyo desarrollo social y económico está aún en una etapa indeterminada, entre estancamiento y reforma postergada de éste, deberá haber también distintas manifestaciones de los proyectos de política oligárquica. En Estados Unidos este proyecto toma la forma de una *oligarquía civil* – según la clasificación de Winters – en la que los propios oligarcas no están directamente involucrados en cargos de gobierno, sino que, dada la enorme concentración de riqueza y de poder en su manos, se limitan a ejercer una atenta vigilancia sobre los tres poderes del Estado y a mantener una constante presión sobre los partidos políticos y sus representantes ante el Congreso, con el fin de encauzar cada vez más ingentes fondos en contra de todas las medidas de redistribución que el Gobierno quiera tomar, por moderadas que sean. A tal efecto han montado un formidable aparato de defensa de sus prerrogativas: medios propios de comunicación, corporaciones de consultores jurídicos y contables y *think tank* dedicados a promover su iniciativa política. De este modo, la permanente obstrucción al aumento de los impuestos, la campaña constante contra la extensión de los servicios sociales del Estado, la ofensiva contra toda regulación de los fondos destinados a promover la publicidad política de los candidatos respaldados por las corporaciones y otras acciones semejantes son más que suficientes para imponer a la sociedad casi todas sus condiciones (Winters 2011: 211-253). Como señala Winters, esta oligarquía no solamente es compatible con una democracia representativa, sino que ésta resulta funcional a sus fines, que no son otros más que defender no ya su propiedad, que está garantizada por el Estado de derecho y todo su aparato jurídico, sino sus ingentes ingresos a fin de que no sean alcanzados por las cargas impositivas proporcionales a su magnitud. Dado que el principio que la rige es el de petrificar la desigualdad social, sus cultores están dispuestos a gastar en la defensa de sus exenciones, a través de las brechas que dejen las regulaciones legales y contables, inclusive más dinero que el que insumiría el monto probable de la imposición regular.

Con respecto a la Unión Europea, dado el profundo arraigo que en las naciones que la componen ha tenido tradicionalmente el *Estado de bienestar*, una forma de oligarquía civil tan cruda como la que existe en Estados Unidos y en el Reino Unido – herencia, por supuesto, de M. Thatcher y R. Reagan – sería sumamente resistida. En la Unión, en cambio, ha habido una sustitución progresiva del poder político de los parlamentos nacionales por un superpoder no sujeto a control de responsabilidad. Cito a continuación una síntesis de esa maniobra ofrecida por W. Streeck:

> Puesto que en Europa no es posible aún eliminar de un día para el otro el resto de la democracia sobre la base de los Estados nacionales en nombre de la razón económica [...], el medio elegido consiste en empaquetarlos en un régimen supranacional no democrático, en una suerte de super Estado internacional sin democracia, y dejarse regular por éste. Desde los años 1990 se ha rehecho la Unión Europea en un régimen de este tipo. Hoy la integración de los Estados miembros sirve para crear un sistema de instituciones supranacionales, aislado de la presión electoral, y sobre todo, la unión a una moneda común, que equivale al desenganche de la soberanía nacional como uno de los últimos bastiones de la voluntad política en una sociedad de mercado internacionalmente integrada (Streeck 2013: 161; también Habermas 2013: 138-157).

En los países en desarrollo la evolución de las oligarquías se encuentra aún en un estado anterior, que a su vez tiene dos etapas bien distinguidas: una más primitiva, en la que los grupos oligárquicos están forzados a gobernar por sí mismos y a luchar entre sí por la acumulación y la defensa del poder, y otra más avanzada, en la que uno de esos grupos se ha elevado por encima de todos los demás y ha impuesto un orden rígido sobre toda la organización económica y política, a la que Winters denomina una *oligarquía sultanística*.

Un caso típico de esta evolución de la oligarquía ha sido provisto, entre otros menos conocidos como el de Indonesia, por la Rusia postcomunista. Abreviando una compleja historia, el colapso del Estado soviético tuvo dos consecuencias inmediatas: la sustitución del control institucional centralizado y de la seguridad pública por una institucionalización "informal", horizontalmente provista por nuevos actores en competencia por el poder, y la privatización de la seguridad para controlar la creciente criminalidad. Simultáneamente, se inició la privatización de las empresas estatales mediante un sistema creado ad hoc para auxiliar a un Estado exangüe al borde de la quiebra: la subasta por préstamos. No fue ninguna sorpresa que los mayores beneficiarios de ese peculiar sistema, que lograron la propiedad de las mayores empresas a muy bajo costo, fueran los miembros del antiguo aparato estatal que dirigían esas mismas empresas o los supervisores encargados de controlarlos. Así nacieron los nuevos millonarios del petróleo, de la minería, etc., con excepción del gas natural, que quedó bajo la propiedad del Estado (Gel'man 2004: 1023 – 1033; Guriev y Rachinsky 2005: 131 – 150, Winters 2011: 277 – 278). Esta nueva oligarquía creció y se expandió mediante luchas intestinas por el poder, que tornaron la vida de la sociedad rusa en un escenario caótico y brutal. El restablecimiento del poder estatal y la subordinación de la justicia y el parlamento al hiperpresidencialismo por obra de V. Putin impusieron con mano de hierro un nuevo orden al que los oligarcas fueron forzados a someterse por distintos medios. Como es sabido, este nuevo orden continúa hoy con la reelección de Putin en 2012.

Luego del restablecimiento de la democracia en Argentina, tras el período de restitución de las instituciones, de la división estricta de los poderes y de la renovación de la Corte Suprema de Justicia, bajo el gobierno de R. Alfonsín, se inició, a la inversa, una regresión de la democracia liberal republicana a partir del mismo día en que, obligado por la crisis, Alfonsín se vio forzado a entregar el gobierno el 8 de julio de 1989 a C. Menem. Allí comenzó un camino inverso, el del progresivo avasallamiento del parlamento y de la justicia, desde la Corte en adelante, por parte del poder ejecutivo, que se hizo transferir poderes extraordinarios para manejar el presupuesto nacional discrecionalmente, prerrogativa que ha mantenido hasta la actualidad, ¡un cuarto de siglo después! Durante la larga década bajo la oligarquía sultanística de Menem, el autoritarismo y el decisionismo de éste se pusieron al servicio de un programa neo-liberal de disminución, modernización y reforma del Estado burocrático heredado, siguiendo los lineamientos del Consenso de Washington, cuyo mayor instrumento era la privatización de las empresas del Estado, paralela a la llevada a cabo en Rusia y con un mismo grado de corrupción. Luego de la debacle definitiva de esta política y de la gravísima crisis de la deuda exterior que terminó en un gigantesco default en 2002, se inicia en 2003 una segunda etapa de oligarquía sultanística, esta vez bajo la conducción de N. Kirchner, con el signo diametralmente opuesto de reconstrucción del mercado interno, de retorno a la sustitución de importaciones con altísima protección, de subsidios al consumo, a los servicios y al transporte y de inversiones estatales a través de fondos fiduciarios y contratos con empresarios privados. Pese a un primer intento de reafirmación de la independencia judicial al renovar la Corte Suprema al comienzo de su mandato, todas las demás medidas de concentración absoluta del poder en manos del presidente y de un pequeño círculo de consejeros áulicos que habían caracterizado el gobierno de Menem no sólo se mantuvieron sino que se acentuaron, respaldadas ahora por la ideología de una *democracia populista* como la expuesta por C. Schmitt en *Sobre la oposición entre parlamentarismo y democracia*, donde éste sostiene que el gobierno mediante el diálogo o la discusión, propio del parlamentarismo, pertenece al *liberalismo* y nada tiene que ver con la democracia, ya que ésta está basada en la discriminación de aquello que es igual de aquello otro *que no es igual ni puede serlo*, y que, por tanto, debe ser separado (Schmitt 1926 = 1996: 20 – 23). De ahí que la democracia populista no pueda ser republicana, sino que deba repudiar la deliberación, sustituir el parlamento por plebiscitos en los que, como afirmaba Heidegger, se le dé al pueblo la oportunidad no de decidir sino de responder a la confianza de su líder, y que tampoco haya en ella, a la larga, lugar para una justicia imparcial e independiente, como se ha visto en el último tiempo. Todas las versiones más recientes de esta ideología son sólo variaciones, bastante chabacanas, de aquella sin duda brillante tesis original.

En síntesis, cuando Nino escribía su libro, veníamos de apenas seis años incompletos de democracia y del inicio, confuso aún, de un primer período oligárquico. Hoy, tras veinticuatro años de oligarquía sultanística de diverso signo pero igual nivel de autoritarismo, decisionismo discrecional y corrupción, apenas interrumpidos por un bienio de un gobierno vacilante, impotente y timorato, como fue el de la Alianza, podemos preguntarnos: ¿se puede esperar hoy de la gran mayoría de los nuevos ciudadanos un comportamiento distinto del descripto por Nino hace veinte años?

V El ciudadano-súbdito de la oligarquía

Retomo aquí mi punto de partida, el ciudadano *anómico* de Nino, desde otro ángulo. Este individuo escéptico, descreído de todo interés común, que no respeta ninguna norma ni moral ni jurídica en la medida en que pueda lesionarla sin represalia inminente, acomodaticio y atento exclusivamente a su propio beneficio, contabilizado en unidades de dinero o de poder, que se guía en el ámbito privado y sobre todo en el público por un pragmatismo individualista, es decir, cuyo único criterio es un cálculo de pros y contras de muy corto plazo, y que, debido precisamente a la cortedad de miras y a la variabilidad e imprevisibilidad de su conducta, no solamente conduce permanentemente al comportamiento agregado social al peor resultado posible, como bien subrayaba Nino, sino que lo hace conscientemente como una fatalidad nacional, este personaje que reproduce en el ámbito político sudamericano un modelo clásico, inmortalizado por D. Diderot en el último tercio del siglo XVIII en *Le neveu de Rameau*, no es otro que el ciudadano-súbdito típico de una oligarquía.

En efecto, si concebimos al ciudadano de la democracia como una persona con un nivel adecuado de educación cívica, con una conciencia moral que distingue según principios y normas generales lo correcto de lo incorrecto, que es consciente por lo tanto de su propia responsabilidad y celoso de su autonomía para proyectar y decidir su propio plan de vida de acuerdo a su propio ideal, éste será también consciente de su responsabilidad en sus acciones y omisiones como partícipe de un régimen democrático, que está basado en la igualdad y la libertad para todos bajo una ley fundamental común. El ciudadano-súbdito de una oligarquía es, por el contrario, un sujeto puramente pasivo, manipulado por el poder oligárquico que le haya tocado en suerte, al que se someterá sumisamente esperando obtener dádivas, prebendas o tajadas más copiosas a medida que suba en la escala jerárquica, esquivando celadas de sus contendientes y urdiendo a su turno otras, sin prejuicios ni escrúpulos de conciencia. Para obstruirle por anticipado todo esbozo de vacilación o reproche de una conciencia moral culpable, el régimen oligárquico pondrá a su disposición una ideología idiosincrásica basada en cualquier narrativa particularista, secular o teocrática, que lo presente como un humillado y ofendido a quien se le debe alguna reivindicación, que el ciudadano-súbdito oligárquico estará siempre dispuesto a reclamar en contante y sonante.

Se me reprochará que, por otro camino, he recaído en el mismo círculo que yo le adjudiqué a Nino, y no tengo más remedio que admitirlo. Entretanto creo que hemos avanzado un poco más: la anomia no es solamente el resultado de relaciones individuales uno a uno sino que está encuadrada en el marco político de un régimen institucional. Cuando éste es una oligarquía, la anomia no es siempre la consecuencia necesaria, ya que dependerá del grado de coacción y amenaza que despliegue el poder administrativo, que puede ser muy intenso, como en la China actual; pero es, sí, una posibilidad presente allí donde éste se debilite. La alternativa inherente que surge una y otra vez, desde la primera irrupción en Atenas en el 508 a.C., bajo la guía de Clístenes, será la democracia, pero nunca de forma definitiva. Una y otra vez, ella deberá enfrentarse a la recaída en la oligarquía, por lo que, para sobrevivir y superarla, deberá perfeccionarse cada vez más, o, en caso contrario, quedará estancada, en el mejor de los casos, en un estadio ritual o, aún peor, en una oligarquía enmascarada bajo el rubro de plebiscitaria, sumergida en la desesperanza, el cinismo, la desigualdad y la opresión.

Bibliografía y referencias

Acemoglu, D., Robinson, J.A. (2013). *Why Nations Fail*. Londres: Profile Books.

Aristóteles, *Pol: Politica*, editada por W.D. (1957) Ross. Oxford: Clarendon Press.

Bohman, J. (2007). *Democracy across Borders*. Cambridge, Mass.: MIT Press.

Bohman, J., y Richardson, H. (2009). Liberalism, Deliberative Democracy, and 'Reasons that All Can Accept'. *Journal of Political Philosophy* 17, pp. 253-274.

Botana, N., ed. (2010). *Argentina 2010: entre la frustración y la esperanza*. Buenos Aires: Taurus.

Buchanan, A., y Powell, R. (2008). Constitutional Democracy and the rule of International Law: are they Compatible?. *Journal of Political Phi losophy* 16, pp. 326-349.

Bueno de Mesquita, B., Smith, A. (2011). *The Dictator's Handbook*. New York: Public Affairs.

Canovan, M. (1999). Trust the People! Populism and the Two Faces of Democracy. *Political Studies* 47, pp. 2-16.

Cohen, J. (2010). *The Arc of the Moral Universe*. Cambridge, Mass.: Harvard U.P.

De la Torre, C. (2009). Populismo radical y democracia en los Andes. *Journal of Democracy en Español* I, pp. 24-37. Accesible en: http://www.journalofdemocracyenespanol.cl/pdf/delatorre.pdf, volumen 1, julio 2009.

De la Torre, C. (2010). *Populist Seduction in Latin America* 2ª. Ed, Athens: Ohio U.P.

Diderot, D. *Le Neveu de Rameau*. Édition critique avec notes par J. Fabre, Genève, Droz. (1950).

Di Tella, T. (1997). Populism into the Twenty-first. Century. *Government and Opposition* 32, pp. 187-200.

Gargarella, R., ed. (2011). *La constitución en 2020*. Buenos Aires: Siglo XXI.

Gel'man, V. (2004). The Unrule of Law in the Making: The Politics of Informal Institution Building in Russia. *Europe-Asia Studies* vol. 56, n° 7, pp. 1021-1040.

Gerchunoff, P. (2010). Causas y azares...en más de un siglo de historia económica argentina. En: Russell, editor, (2010), pp. 103-166.

Gilabert, P. (2012). Is There a Human Right to Democracy? A Response to Joshua Cohen. *Revista Latinoamericana de Filosofía Política* I, n° 2. Accesible en: http://www.rlfp.org.ar/is-there-a-human-right-to-democracy/

Glendon, M.A. (2002). *A World Made New*. New York: Random House.

Guariglia, O. (2007). Enforcing economic and social human rights. En: Pogge, editor. (2007). pp. 345-357.

Guariglia, O. (2010a). *En camino de una justicia global*. Barcelona - Madrid: Marcial Pons.

Guariglia, O. (2010b). La República y la ética: una relación conflictiva. En: Botana, editor. (2010). pp. 183-215.

Guariglia, O. (2011). La democracia en América Latina: la alternativa entre populismo y democracia deliberativa. *Isegoría* n° 44, pp. 57-72.

Guriev, S., – Rachinsky, A., 2005, The Role of Oligarchs in Russian Capitalism. *The Journal of Economic Perspectives* vol. 19, n° 1, pp. 131-15.

Habermas, J. (1992). *Faktizität und Geltung: Beiträge zur Diskurstheorie des Rechts und des demokratischen Rechstaats*. Francfort: Suhrkamp.

Habermas, J. (1997). *Die Einbeziehung des Anderen: Studien zur politischen Theorie*. Francfort: Suhrkamp.

Habermas, J. (2011). *Zur Verfassung Europas*. Francfort: Suhrkamp.

Habermas, J. (2013). *Im Sog der Technokratie*. Francfort: Suhrkamp.

Hobsbawm, E. (2007). *Globalisation, Democracy and Terrorism*. London: Little, Brown.

Hansen, M.H. (1999). *The Athenian Democracy in the Age of Demosthenes*, 2ª. edición. Norman: University of Oklahoma Press.

Kelsen, H. (1981 = 1929). *Vom Wesen und Wert der Demokratie*. Aalen: Scientia Verlag.

Keohane, O., Macedo, St., y Moravcsik, A. (2009). Democracy-Enhancing Multilateralism. *International Organization* 63, pp. 1-31.

Lauren, P.G. (2003). *The Evolution of International Human Rights*, 2ª edic. Filadelfia: U. Pennsylvania Press.

Laclau, E. (2005). *La razón populista*. Buenos Aires: Fondo de Cultura Económica.

Margheritis, A., – Pereira, A.W. (2007). The Neoliberal Turn in Latin America: The Cycle of Ideas and the Search for an Alternative. *Latin American Perspectives* vol. 34, n° 3, pp. 25-48.

Michelman, F. (1986). Foreword: Traces of Self-Government. *Harvard Law Review* 100, pp. 4-77.

Mouffe, Ch. (2000). Deliberative Democracy or Agonistic Pluralism. Institute of Advanced Studies. Vienna: Political Science Series. Accessible en: http://space. ihs.ac.at/newpage/-IHS-Departments-2/Political-Science-1/Publications-18/ Political-Science-Series2/Publications-19/publication-page:5.htm.

Mouffe, Ch. (2005). *On the Political*. Londres – New York: Routledge.

Nino, C.S. (1989). *Ética y derechos humanos*, 2ª edición. Buenos Aires: Astrea.

Nino, C.S. (1997). *La constitución de la democracia deliberativa*. Barcelona: Gedisa.

Nino, C.S. (2011). *Un país al margen de la ley*. Buenos Aires: Ariel.

O'Donnell G., (1994). Delegative Democracy. *Journal of Democracy* 5, pp. 55-69; tra-ducción española, "Democracia Delegativa". *Journal of Democracy en Español* I, 2009, pp. 7-23. Accessible en: http://www.journalofdemocracyenespanol.cl/ pdf/odonnell.pdf, vol. I, Julio 2009.

O'Donnell, G. (2010a). El riesgo de un deslizamiento de la democracia al autoritarismo. *Clarín*, 12-01-2010.

O'Donnell, G. (2010b). *Democracia, agencia y Estado*. Buenos Aires: Prometeo.

Patten, A. (1996). The Republican Critique to Liberalism. *British Journal of Political Science* 26, pp. 25-44.

Pettit, Ph. (1997). *Republicanism: A Theory of Freedom and Government.* Oxford: Clarendon Press.

Pettit, Ph. (2002). Keeping Republican Freedom Simple. *Political Theory* 30, pp. 339-356.

Pogge, Th., ed. (2007). *Freedom from Poverty as a Human Right: Who Owes What to the Very Poor?* Oxford and New York: Oxford U.P.

Rawls, J. (1993). *Political Liberalism.* New York: Columbia U.P.

Rawls, J. (1999). *The Law of Peoples with "The Idea of Public Reason Revisited".* Cambridge, Mass. – Londres: Harvard U.P.

Redondo, N. (2002). Pobreza y reproducción social a fines de la convertibilidad, http://www.uca.edu.ar/uca/common/grupo32/files/04-pob-rep-soc-conv-2002.pdf

Rich, R. (2001). Bringing Democracy into International Law. *Journal of Democracy* 12, pp. 20 – 34.

Roberts, K. (1995). Neoliberalism and the Transformation of Populism in Latin America. *World Politics* 48, pp. 82-116.

Roberts, K. (2006). Populism, Political Conflict, and Grass-Roots Organization in Latin America. *Comparative Politics* 38, pp. 127-148.

Rodrik, D. (2011). *The Globalization Paradox: Democracy and the Future of the World Economy.* New York: W.W. Norton.

Romero, L.A. (2010). Democracia, república y Estado: cien años de experiencia política en la Argentina. En: Russell, editor. (2010). pp. 15-102.

Russell, R., ed. (2010). *Argentina 1910 – 2010: Balance del siglo.* Buenos Aires: Taurus.

Salvia, A. (2013). La evolución de la pobreza en la Argentina urbana. Observatorio de la Deuda Social Argentina, UCA, http://www.uca.edu.ar/uca/common/grupo68/files/FORO_INFLACI-N_FCE_04_2013.pdf

Schmitt, C. (1996 = 1926). *Die geistesgeschichtliche Lage des heutigen Parlamentarismus.* Berlin: Duncker & Humblot.

Schmitt, C. (1988 = 1938). *Die Wendung zum diskriminierenden Kriegsbegriff.* Berlin:Duncker & Humblot.

Schmitt, C. (1996 = 1922). *Politische Theologie.* Berlin: Duncker & Humblot.

Schmitt, C. (2009 = 1963). *Der Begriff des Politischen.* 2ª. ed. Berlin: Duncker & Humblot.

Sen, A. (2000). *Development as Freedom.* New York: Anchor Books.

Sengupta, A. (2007). Poverty Eradication and Human Rights. En: Pogge, editor, (2007). pp. 323-44.

Shue, H. (1996). *Basic Rights*. 2[d] edit. Princeton: Princeton U.P.

Singer, P. (2004). *One World: The Ethics of Globalization*. 2[d] edit. New Haven and London: Yale University Press.

Stiglitz, J. E. (2002). *Globalization and Its Discontents*. New York: W.W. Norton.

Stiglitz, J. (2006). *Making Globalization Work*. New York: W.W. Norton.

Stiglitz, J. (2010). *Freefall: America, Free Markets, and the Sinking of the World Economy*. New York: W.W. Norton.

Stiglitz, J. (2012). *The Price of Inequality*. Londres: Penguin Books.

Streeck, W. (2013). *Gekaufte Zeit: Die vertagte Krise des demokratischen Kapitalismus*. Francfort: Suhrkamp.

United Nations Commision on Human Rights. *Promotion of the right to Democracy*. Resolution 1999/57.

Weyland, K. (2001). Clarifying a Contested Concept: Populism in the Study of Latin American Politics. *Comparative Politics* 34, pp. 1-22.

Williamson, J. (2004). A Short History of the Washington Consensus. Accessible en: http://www.iie.com/publications/papers/williamson0904-2.pdf.

Winters, J. (2012). *Oligarchy*. Cambridge – New York: Cambridge University Press.

Capítulo III
Liberalismo político, deliberación pública e igual respeto

Mariano Garreta Leclercq

I Introducción

En una serie de influyentes libros y artículos, Charles Larmore[1] ha defendido la idea de que las deliberaciones políticas de los ciudadanos, en democracias caracterizadas por el hecho del desacuerdo razonable,[2] deberían ser guiadas por una regla de diálogo racional. Dicha regla (en adelante RDR) estipula que

> Cuando dos personas difieren sobre algún punto específico, pero desean seguir hablando acerca del problema general que están tratando de resolver, cada uno ha de prescindir de las creencias que los otros rechazan, (1) con el fin de construir un argumento sobre la base de sus otras creencias que pueda convencer al otro de la verdad de la creencia en litigio, o (2) con el fin de derivar a otro aspecto del problema, donde las posibilidades de acuerdo parezcan mayores. Al enfrentarse con un desacuerdo, quienes tratan de continuar la conversación no tienen más

[1] Larmore 1987, 1990, 1996, 2008.

[2] Según Larmore, nuestra experiencia como miembros de sociedades democráticas nos lleva a reconocer que, aun en una discusión libre y abierta entre agentes razonables, cuanto más se habla acerca del florecimiento humano o de la naturaleza del bien, más se tiende a arribar a desacuerdos. Como afirma el autor: "Sobre estas cuestiones, ser razonable –por lo que entiendo pensar y dialogar con buena fe y aplicar, lo mejor posible, las capacidades generales de razonamiento apropiadas a cada dominio de investigación– no tiende a producir acuerdo sino más controversia" (Larmore 2008: 140).

remedio que retirarse hacia un terreno neutral, con la esperanza o bien de resolver la disputa o bien de olvidarla (Larmore 1987: 53).[3]

Supongamos que una sociedad política enfrenta la necesidad de tomar una resolución acerca de alguna cuestión que afecta las libertades básicas de los ciudadanos: ¿se debe permitir o, por el contrario, se debe prohibir la conducta X? Imaginemos que hay dos grupos que han tomado una posición al respecto. Los miembros del grupo A suscriben una concepción del bien que asigna un peso fundamental al ideal de la autonomía personal y consideran que su compromiso con dicho ideal conduce a la conclusión de que el comportamiento X debe ser permitido. Los miembros del grupo B adhieren a una concepción del mundo dominada por creencias religiosas. Desde esta perspectiva, la conducta X es vista como contraria a la moral y a los mandatos divinos. Consecuentemente, los integrantes del grupo B creen que X debe ser prohibida. RDR exige que los miembros de los dos grupos, al reconocer la imposibilidad de llegar a un acuerdo recurriendo a las posiciones morales o religiosas que suscriben, retrocedan a un terreno de creencias compartidas, neutrales entre sus puntos de vista. Los miembros del grupo A quizá deberían poner entre paréntesis su idea de que la autonomía personal tiene prioridad sobre cualquier otra consideración de orden moral, dado que se trata de

---

[3] La posición de Larmore parece ser que los ciudadanos deben intentar justificar sus puntos de vista frente a sus interlocutores apelando a creencias que éstos ya aceptan. En ese sentido la base común de creencias compartidas es tomada como dada con anterioridad al diálogo político. No creo, sin embargo, que haya ninguna razón conceptual para aceptar esta restricción. Una manera más plausible de formular RDR consistiría en afirmar que los ciudadanos deben ser capaces de formular propuestas que puedan justificar sobre la base de creencias que sus interlocutores ya aceptan o que puedan llegar a aceptar como resultado del desarrollo del proceso de diálogo político. Como sostiene Jonathan Seglow: "podemos concebir la base común (*common ground*), no como un conjunto de valores a los que las partes se retiran en sus deliberaciones, sino, en forma más activa y dinámica, como la meta del diálogo en condiciones de pluralismo. La base común o el consenso moral, no es un pre-requisito sino el producto de un diálogo ideal" (Seglow 2003: 94.) Mi única reserva con la propuesta de Seglow consiste en que, así como no hay por qué suponer que la "base común" ya existe, tampoco parece haber ninguna razón para presuponer –como parece sugerir el final del párrafo citado– que siempre deba ser construido en el proceso del diálogo político. Ambas son posibilidades que deben quedar abiertas. Lo más probable es que en la práctica la base compartida sea el resultado de una combinación de consensos previos y de los acuerdos producidos en la deliberación pública.

una posición que no pueden esperar que sus interlocutores del grupo B acepten. Los miembros del grupo B tendrían que hacer lo mismo con las creencias religiosas que saben que resultarán inaceptables para los miembros del otro grupo. Al dar este paso, los ciudadanos de ambos grupos estarían en condiciones de continuar el diálogo hasta arribar a una decisión o a una serie de propuestas alternativas cuyos fundamentos resulten aceptables para todos[4].

Ahora bien, ¿por qué razón deberían los ciudadanos acatar RDR y retroceder a una base común de creencias compartidas en lugar de insistir en intentar lograr que se impongan en el juego democrático los puntos de vista comprehensivos que consideran correctos? Es importante notar que acatar RDR y poner entre paréntesis ciertas creencias con el objetivo de posibilitar el avance del diálogo político no implicaría que los ciudadanos deban adoptar una posición escéptica respecto de tales creencias. Por el contrario, Larmore señala explícitamente que los ciudadanos deberían poder continuar firmemente convencidos de que las creencias que han dejado de lado son verdaderas (Larmore 1987: 53). Según el autor, no hay ninguna razón para negar la posibilidad de que los ciudadanos puedan creer legítimamente que sus "sus propios puntos de vista están mejor respaldados por la experiencia y la reflexión que los de las otras personas", o que puedan estar en condiciones de presentar frente a los otros ciudadanos razones en favor de sus concepciones de la buena vida

---

[4] RDR no implica la exclusión de las concepciones del bien de los ciudadanos del debate político. Una de las funciones de esa actividad es, por supuesto, la toma de decisiones. En ese caso rige la exigencia de retroceder a una base común, neutral , entre concepciones del bien incompatibles. Sin embargo, ésa no es la única función de la discusión pública acerca de principios políticos. Como afirma Larmore: "El reino de lo público también sirve a la función de sinceramiento, de dejar a las personas saber en qué posición se encuentran. Las personas deben entonces ser libres de explicar la una a la otra en forma plena sus visiones comprehensivas acerca de la buena vida, y no sólo aquellas partes que pueden ser expuestas a partir del trasfondo común de creencias compartidas [...] Una comunidad política obtiene un gran beneficio cuando las personas conocen con profundidad sus desacuerdos razonables [...] Pero debemos ser cuidadosos en distinguir estas dos funciones distintas de la esfera pública. Los ciudadanos en una comunidad política liberal deben ser capaces de distinguir entre la actividad, libre de constricciones, de sinceramiento mutuo, y la auto-limitación, surgida de la regla de diálogo racional, que es requerida para tomar decisiones acerca de los principios que gobernarán la vida política" (Larmore 1996:135-136).

e incluso explicar en detalle qué errores impiden que sus interlocutores estén de acuerdo con sus puntos de vista (Larmore 1996: 126-7).[5]

Adoptar esta posición de rechazo del escepticismo parece dar pie, sin embargo, a objeciones contra la plausibilidad de RDR. Supongamos que el sujeto S1 está firmemente convencido de la verdad de su concepción de la buena vida y de que dispone de una justificación de dicha creencia apropiada desde una perspectiva epistémica. Si nos abstenemos de cuestionar esa convicción de S1, parece poco convincente la exigencia de que éste retroceda a una base común de creencias compartidas para continuar el diálogo con aquellos que rechazan su posición. ¿Por qué debería buscar una base de justificación neutral entre creencias que está justificado en creer verdaderas y creencias que tiene buenas razones para considerar falsas?

Mi propósito en este artículo es desarrollar un argumento para responder ese interrogante y ofrecer, en definitiva, una defensa de la idea de que RDR debería guiar las deliberaciones políticas orientadas a la toma de decisiones que afectan los derechos fundamentales de los ciudadanos. En la sección 2 reconstruiré el argumento ofrecido por Larmore para justificar RDR y expondré algunas de las objeciones a las que parece vulnerable. En la sección 3 examinaré un intento de responder esas objeciones a partir de la definición del concepto de justificación de creencias presupuesto en el planteo de Larmore e intentaré explicar los motivos por los cuales resulta inadecuado. En la secciones 4 y 5 propondré un argumento alternativo y examinaré sus presupuestos teóricos.

II El argumento basado en la regla de igual respeto

Según Larmore, la necesidad de tomar RDR como guía del proceso de deliberación política es, en última instancia, una consecuencia del compromiso de los ciudadanos con un principio moral fundamental: la norma de igual respeto por las personas. Tratar a todos los ciudadanos con igual respeto equivale a tratarlos como agentes cuyo rasgo distintivo

[5] El defensor más influyente del liberalismo político, John Rawls, asume una posición similar en relación con el rechazo del escepticismo. Rawls sostiene que el liberalismo político no cuestiona "la posible verdad de las afirmaciones de fe" y que de ningún modo "argumenta que deberíamos ser dubitativos y experimentar incertidumbre, mucho menos escepticismo" acerca de las creencias de orden religioso, filosófico o moral que suscribamos (Ver Rawls 1993: 63).

consiste en su capacidad de pensar y actuar sobre la base de razones (Larmore 1996: 137). Ahora bien, cuando un individuo es inducido a realizar ciertas acciones –o a abstenerse de realizarlas–, exclusivamente por la amenaza de sanciones, no es reconocida su capacidad de pensar y actuar sobre la base de razones y, por lo tanto, no es tratado con el debido respeto. Como afirma Larmore:

> Lo que es prohibido por la norma de igual respeto es hacer depender la obediencia sólo de la fuerza [...] Si tratamos de producir conformidad a un principio político sólo por medio de amenazas, estaremos tratando a las personas sólo como medios, como objetos de coerción. No los estaremos tratando también como fines, reconociendo en forma directa su capacidad distintiva como personas (Larmore 1996: 137).

Ahora bien, ¿cómo se vincula la norma de igual respeto por las personas con RDR? Retomemos el ejemplo utilizado en la introducción. Mientras los miembros del grupo A, defensores del ideal de autonomía personal, sostienen que la conducta X debería ser permitida, los miembros del grupo B, guiados por sus convicciones religiosas, abogan por su prohibición. Imaginemos que los miembros del grupo B logran que se prohíba la conducta X y justifican esa medida apelando exclusivamente a sus puntos de vista comprehensivos acerca de la buena vida. De acuerdo con Larmore, dado que los miembros del grupo A no reconocen a la afirmación de esas creencias religiosas peso justificatorio alguno, es decir, no admiten que posean el carácter de genuinas razones, estarían siendo tratados meramente "como medios, como objetos de coerción", pues el único motivo por el cual podrían decidir cumplir con la prohibición de la conducta X sería el temor a las sanciones impuestas por el Estado.[6] Esta situación generaría una marcada desigualdad entre los miembros del grupo A y los del grupo B. Mientras los miembros del segundo grupo podrían derivar de *sus* creencias una justificación de la norma política vigente, los miembros del grupo A no estarían en condiciones de hacerlo. Esta desigualdad resultaría inaceptable, dado que, como sostiene Larmore usando un vocabulario de clara raigambre kantiana, respetar

[6] Lo mismo ocurriría, por supuesto, si el grupo A lograra imponer la política contraria, ofreciendo como única justificación la apelación al ideal de autonomía personal. En ese caso, los miembros del grupo B podrían considerar que dicha política no es respaldada por una justificación apropiada y su única motivación para acatarla sería la amenaza de sanciones por parte del Estado.

a una persona "como un fin" implica la exigencia de que los principios políticos –dotados de fuerza coercitiva– sean tan justificables para esa persona como, presumiblemente, lo son para el resto sus interlocutores (Larmore 1996: 137). La situación de desigualdad cambia radicalmente si los miembros de ambos grupos acatan las prescripciones de RDR. En ese caso, en lugar de insistir en la apelación a la supuesta verdad o corrección de sus controvertidos puntos de vista de orden religioso, moral o filosófico, los ciudadanos deben retroceder a una base común, conformada por creencias y modos de razonar aceptables para todos, y argumentar en favor de sus propuestas a partir de ella. De ese modo se garantiza que todos los ciudadanos sean reconocidos como agentes capaces de pensar y actuar a partir de razones y, consecuentemente, que sean tratados con igual respeto.

La cuestión es, por supuesto, si este argumento realmente funciona. Supongamos que un miembro del grupo B ofrece a sus interlocutores del grupo A una explicación, basada en sus creencias comprehensivas, de las razones por las que cree que el comportamiento X es moralmente nocivo y de los beneficios que acarrearía su prohibición para el bien común. ¿Por qué motivo debería concluirse que dicho sujeto ha fallado en ofrecer una justificación apropiada de sus propuestas y, por lo tanto, no ha cumplido con su deber de tratar a sus interlocutores con el debido respeto? Después de todo, el miembro del grupo B les ha ofrecido una serie de explicaciones que, a su juicio, se encuentran basadas en creencias verdaderas y justificadas. ¿Por qué no considerar, como afirma William Galston contra Larmore, "que mostramos respeto a los otros cuando les ofrecemos, como explicación, aquello que consideramos las mejores y realmente verdaderas razones por las cuales actuamos como lo hacemos" (Galston 1991: 109)? La idea de igual respeto involucrada en el planteo de Larmore estipula que, con independencia de lo profundo que sea nuestro desacuerdo con las creencias de otro ciudadano, no podemos tratarlo como un mero objeto de nuestra voluntad, actuando en formas que lo afectan significativamente sin ofrecerle una explicación adecuada de tales acciones (Larmore 1987: 62). Sin embargo, lo que parece dudoso es que una justificación de nuestras acciones basada en las concepciones del bien o en las creencias religiosas, filosóficas o morales que suscribimos no cuente como explicación adecuada. Como afirma Brian Barry

> Es perfectamente consistente con todo lo que afirma Larmore acerca del igual respeto que deberíamos creer que la explicación requerida es una explicación de la superioridad de nuestra concepción del bien. Si estamos convencidos de que nadie puede razonablemente rechazar nuestra explicación, podemos considerar que hemos hecho todo lo que el igual respeto puede demandar de nosotros (Barry 1995: 176).[7]

Si se admite que un individuo está justificado a creer que su concepción del bien es verdadera o correcta y éste expone frente a los otros ciudadanos los argumentos en los que se apoya dicha concepción, parece razonable reconocer que no ha fallado en tratarlos como agentes capaces de pensar y actuar sobre la base de razones ni les ha negado el respeto que merecen como personas. Sería muy sencillo responder a este tipo de objeciones que las concepciones del bien religiosas, filosóficas o morales pueden ser siempre objeto de rechazo razonable porque no resulta viable alcanzar ninguna clase de garantía racional de su verdad o de su corrección y que, como consecuencia de ello, no permiten cumplir con la demanda de justificación pública implicada en la norma de igual respeto. Sin embargo, este tipo de argumentación está vedada para el liberalismo político, dado que, como sabemos, Larmore considera que la defensa de dicha posición debe prescindir de todo compromiso con la adopción de una postura escéptica como la referida.

III El concepto de justificación y la regla de igual respeto

Aunque Larmore no la ha formulado en forma expresa, es posible encontrar dentro de su planteo una respuesta para las objeciones precedentes. El autor, siguiendo a John Rawls,[8] ofrece una definición explícita del concepto de "justificación de creencias".

> Mientras que una prueba consiste simplemente [en establecer] relaciones lógicas entre un conjunto de proposiciones, una justificación es una prueba dirigida a aquellos que están en desacuerdo con nosotros para mostrarles que deberían suscribir las creencias que nosotros suscribimos. De modo que sólo puede cumplir con esta función pragmática apelando

---

[7] David McCabe desarrolla una objeción similar a la de Barry (Véase McCabe 2000: 326).

[8] Véase Rawls 1971: 580-1, 1999: 394 y 2001: 27.

> a aquello que nuestros interlocutores ya creen, a aquello que constituye una base común compartida (*common ground*) entre ambos (Larmore, 1996:135).

Denominemos a esta idea "concepción de la justificación a partir de una base común" (en adelante, CBC). Como vimos, el núcleo del argumento de Larmore consiste en la idea de que si ha de garantizarse que todos los ciudadanos sean tratados con igual respeto, las normas políticas dotadas de fuerza coercitiva deben ser igualmente justificables para cada uno de ellos. Ahora bien, como acabamos de ver, para Larmore "justificar" significa ofrecer a otro sujeto argumentos que apelen, al menos como premisas iniciales, a creencias que dicho sujeto ya suscribe.[9] Para que haya justificación debe existir una base común de creencias entre los agentes que dialogan. Supongamos que los miembros del grupo A argumentan frente a los miembros del grupo B en favor de permitir la conducta X. Los argumentos ofrecidos dependen de la afirmación de la prioridad del ideal de autonomía personal sobre otras consideraciones morales. Los miembros del grupo B rechazan esa posición; por el contrario, le dan prioridad a otros valores de orden religioso, posiblemente incompatibles con el ideal de la autonomía. En este caso, si se acepta CBC, debe concluirse que los miembros del grupo A han fallado en justificar sus propuestas frente a los miembros del grupo B, porque apelaron a premisas que sus interlocutores no aceptan, en lugar de recurrir a una base común de creencias compartidas por todos. Dado que han fallado en justificar sus propuestas frente a sus interlocutores, la implementación política de éstas será vista por los miembros del grupo B como una imposición basada exclusivamente en la fuerza, lo que implica que se les habrá negado el respeto que merecen como agentes capaces de pensar y actuar sobre la base de razones. Cuando nos disponemos a ofrecer una justificación de las políticas que suscribimos, no basta con que ofrezcamos simplemente, como decía Galston, lo que consideramos las mejores razones apoyadas, en última instancia, en el punto de vista verdadero acerca de la cuestión;

---

[9] Consideraciones similares a las desarrolladas en la nota 3 resultan pertinentes en este caso. No parece haber ninguna razón para que Larmore no deba admitir también, como bases apropiadas de justificación, creencias que el sujeto no aceptaba previamente pero que llega a suscribir durante el proceso mismo de diálogo político. La institucionalización de procedimientos deliberativos en el sistema político parece una precondición necesaria para que CBC resulte una concepción operativa.

debemos tomar como punto de partida creencias y formas de razonar que resulten aceptables para nuestros interlocutores porque ése es un requisito involucrado en la noción misma de justificación.

Si se admite CBC, el argumento de Larmore parece perfectamente consistente. Por otra parte, dicha concepción torna plausible una idea que parece central para el liberalismo político. Aunque se rechace la posibilidad de que los ciudadanos sean capaces de justificar sus propuestas políticas en la esfera pública apelando exclusivamente a sus concepciones comprehensivas acerca de la vida buena, ello no implica negar que puedan estar justificados, sobre la base de evidencia apropiada y buenas razones, a afirmar esas creencias en otros contextos –por ejemplo, en el seno de una comunidad religiosa–. Dado el hecho del desacuerdo razonable, no existe en las democracias contemporáneas una base común conformada por creencias y modos de razonar compartidos en torno de concepciones de la buena vida, lo cual, desde la perspectiva de CBC, hace inviable una justificación de políticas del Estado, válida para todos los afectados, dependiente de ese tipo de fundamentos. Sin embargo, ello no implica que la justificación de concepciones del bien, y de acciones derivadas de ellas, no sea posible en el seno de comunidades cuyos miembros suscriben una misma base compartida de creencias y prácticas acerca de esas cuestiones. De modo que CBC implica una forma de contextualismo: un mismo conjunto de creencias puede estar justificado en C1, una comunidad particular de la sociedad civil, y, a la vez, no estar justificado en C2, la arena política.

El punto débil de esta estrategia de defensa del argumento de Larmore es, sin embargo, fácil de percibir. CBC está muy lejos de ser una caracterización del concepto de justificación comúnmente aceptado o exento de controversia. Es completamente legítimo suscribir una caracterización drásticamente diferente. Podríamos apelar, por ejemplo, a lo que denominaré una concepción epistémica estándar (en adelante CEE). De acuerdo con CEE, cuando un sujeto S dispone de una justificación de la creencia de que p, ello implica que ha ofrecido buenas razones para concluir que p posee una probabilidad de ser verdadera significativamente superior a la de cualesquiera otras proposiciones alternativas que carezcan de justificación. Según señala Laurence BonJour:

> La función básica de la justificación consiste en ser *un medio* para la
> verdad, en establecer un vínculo más directo y asequible entre nuestro
> punto de partida subjetivo y nuestra meta objetiva [...] Si la justificación
> epistémica no fuera conductiva a la verdad de este modo, si encontrar
> creencias epistémicamente justificadas no incrementara sustancialmente
> la probabilidad de hallar las verdaderas, entonces la justificación episté-
> mica sería irrelevante para nuestra principal meta cognitiva y de dudoso
> valor. Sólo si tenemos razones para pensar que la justificación epistémica
> constituye un camino a la verdad, tenemos, como seres cognitivos, algún
> motivo para preferir creencias epistémicamente justificadas a creencias
> epistémicamente injustificadas (BonJour 1985: 7-8).

Otro rasgo definitorio de CEE es la idea de que los criterios que permiten distinguir entre creencias verdaderas y creencias falsas son los mismos
para todos los sujetos. Como afirma Joseph Raz, "para estar personal-
mente justificado a creer una proposición debemos aceptar que nuestra
creencia es en principio objeto de estándares de corrección impersonales
e imparciales" (Raz 1990: 43). Ningún sujeto se encuentra autorizado
a afirmar que los criterios por los cuales está justificado a sostener una
creencia son privados o idiosincrásicos. Dado este requisito de igualdad
epistémica, si S se encuentra justificado a creer que p, su convicción en
la verdad de dicha proposición debe basarse 1) en evidencias pertinentes
y accesibles –bajo condiciones apropiadas– para todo sujeto con capacidades cognitivas normales y 2) en formas de razonar correctas. Cuando
S afirma que está justificado a creer que p, se compromete con la idea
de que cualquier otro sujeto que fuera confrontado con la evidencia de
la que dispone y razonara en forma correcta debería llegar a sus mismas
conclusiones o, al menos, debería reconocer que esas conclusiones están
justificadas. De modo que, idealmente, si S está epistémicamente justificado a creer que p, lo estará también *frente* a cualquier otro sujeto con
capacidades cognitivas normales.

Es importante hacer una aclaración. Hay que distinguir entre a) estar
justificado a creer que p, y b) ser capaz de *convencer* a otros sujetos de
que se está justificado a afirmar esa creencia. Es perfectamente posible,
por razones contingentes de diverso orden, que algunos de los interlocutores de S no sean capaces de reconocer que los argumentos a partir
de los cuales éste infiere sus creencias son correctos. Dichos sujetos

podrían carecer de las capacidades argumentativas requeridas para eva-luar la cuestión o cometer errores de juicio, especialmente si se trata de un asunto significativamente complejo. De igual modo, aun cuando la evidencia de la que parten las inferencias de S sea en principio accesible para todo agente con capacidades cognitivas normales, podría ocurrir que en la práctica existieran obstáculos insuperables para que ciertos sujetos pudiesen entrar en contacto con dicha evidencia. Por ejemplo, algunos sostienen que para saber si un estilo de vida es realmente valioso, resulta imprescindible haber pasado por ciertas experiencias a las que sólo es posible acceder poniendo en práctica dicho estilo de vida. Sin embargo, muchas veces los sujetos no pueden realizar esos experimentos, ya que, pongamos por caso, no cuentan con el tiempo o los recursos necesarios. Por otra parte, podría suceder que aunque la evidencia de la que parten las inferencias de S fuese accesible para un grupo de sujetos, éstos carecieran de la competencia para evaluar sus implicaciones. Hay ocasiones en que para evaluar las implicaciones de ciertas evidencias es necesaria una educación formal previa. Determinar si las observaciones realizadas por un grupo de astrónomos ofrecen o no apoyo a una teoría física es algo que depende de disponer de conocimientos científicos y técnicos previos. Alguien que careciera de esos conocimientos podría simplemente no saber qué pensar acerca de las implicaciones de los datos que le son presentados. Cuando factores como los mencionados entran en juego, es perfectamente posible que aunque S esté justificado a creer que *p* —lo cual implica que está justificado frente a cualquier sujeto dotado de capacidades cognitivas normales— no sea capaz de *convencer* a sus interlocutores de que está justificado. Ahora bien, de igual modo que la capacidad efectiva de convencer a otros de que una creencia está justificada no prueba que realmente lo esté, dado que puede depender de juicios falaces y de evidencia adulterada, la incapacidad de S para convencer a sus interlocutores de que sus creencias están justificadas, basada en factores como los mencionados, no prueba que éste haya fa-llado en justificar su creencia de que *p* —ni en sí misma ni *frente* a dichos interlocutores—. Lo que podría sembrar dudas significativas acerca de la pretensión de S de estar justificado a creer que *p* sería que otros sujetos, con pleno acceso a toda la evidencia relevante de la que dispone S e igual competencia para juzgarla, llegaran, sobre la base de formas de razonar correctas, a la conclusión de que *no p*.

CEE genera serias dificultades para el argumento de Larmore. En primer lugar, la idea de que las creencias justificadas deben poseer una probabilidad de ser verdaderas mayor que la probabilidad de ser verdaderas de creencias alternativas no justificadas es incompatible con la posición contextualista involucrada en CBC. Según vimos, desde la perspectiva del liberalismo político S puede estar justificado en el contexto C1 –por ejemplo, las deliberaciones que se dan dentro de su comunidad religiosa– a creer que p y no estar, sin embargo, justificado a afirmar esa misma creencia en el contexto C2, un foro político. Ahora bien, supongamos que las creencias q, r y s no están justificadas en ningún contexto. Si S puede afirmar que está justificado a creer que p en C1, pero no en C2, ello implica que está diciendo, al mismo tiempo, que p tiene una probabilidad mayor de ser verdadera que las creencias q, r y s –dado que p está justificada en C1– y que p no dispone de una probabilidad mayor de ser verdadera que q, r y s –dado que p no puede ser justificada en C2–. Dicha posición no puede ser plausible, o bien p tiene mayor probabilidad de ser verdadera que otras proposiciones no justificadas ni en C1 ni en C2, o no la tiene en absoluto. La noción de "mayor probabilidad de ser verdadero" no puede interpretarse en términos contextualistas. Si un agente puede estar justificado a creer en su concepción de la buena vida en foros no políticos, también debería poder estarlo en foros políticos. Por el contrario, en caso de que debiera reconocer que ha fallado en ofrecer una justificación adecuada de su concepción del bien en la esfera política, debería reconocer que ha fallado también en contextos no políticos. La primera alternativa equivale a rechazar una de las premisas fundamentales de la propuesta de Larmore, pues supone reconocer que los ciudadanos, al apelar exclusivamente a sus concepciones del bien para dar apoyo a las propuestas políticas que defienden, son capaces de cumplir con el deber de justificar sus puntos de vista frente a sus interlocutores; de modo que no puede aducirse que hayan fallado en tratarlos con el debido respeto. La segunda alternativa transforma al liberalismo político en una posición escéptica. La imposibilidad de justificar concepciones comprehensivas de la buena vida en la esfera política debería llevar a la conclusión general de que nunca es posible afirmar, sobre la base de buenas razones, que dichas concepciones sean verdaderas o correctas.

Podría objetarse que la propuesta de Larmore no involucra el tipo de concepción contextualista que le he atribuido. Lo que en realidad sostendría el autor es que, aunque S pueda estar justificado a creer que p tanto en C1 como en C2, sólo en el primer contexto, cuando se encuentra en el seno de una comunidad en la que todos suscriben la misma base común de creencias y formas de razonar, se encuentra en condiciones de justificar p *frente* a sus interlocutores. Dado que entonces S estaría justificado a creer que p tanto en C1 como en C2, dicha proposición tendría mayor probabilidad de ser verdadera que otras proposiciones que carecen de justificación en ambos contextos. Ello refutaría el argumento que formulé en el párrafo precedente. El problema es que esta interpretación no tiene sentido cuando adoptamos CEE. Desde esta perspectiva, si un sujeto está justificado a creer que p, ello implica que dispone del respaldo de estándares de corrección impersonales e imparciales y que, por lo tanto, está justificado frente a cualquier otro agente con capacidades cognitivas normales, no sólo frente a quienes ya comparten las premisas de las que ha inferido su posición. Reconocer que S no está justificado a afirmar la creencia de que p frente a sus interlocutores en C2 equivale a reconocer que no está justificado a creer que p ni en dicho contexto ni en C1. Si se acepta CEE, la premisa en que se basa la supuesta refutación de mi objeción resulta insostenible.

Parece haber otra forma de defender la propuesta de Larmore. Supongamos que se admite que S puede estar igualmente justificado a creer en la verdad de su concepción del bien en C1 y en C2, y que ello implica que S está justificado a afirmar que p –proposición que deriva de dicha concepción– frente a sus interlocutores en ambos contextos. Igualmente habría un contraste significativo entre C1 y C2. En C1, S no sólo está justificado a afirmar que p frente a sus interlocutores –siguiendo con el ejemplo, los miembros de su iglesia–, sino que es también capaz de *convencerlos* de que lo está, lo cual no ocurre en C2 –dada la diversidad de concepciones del bien enfrentadas que suscriben los miembros de la comunidad política–. Esta observación, sin embargo, no constituye un obstáculo para que los adversarios del liberalismo político concluyan que las concepciones comprehensivas religiosas, filosóficas o morales resultan aptas para cumplir con el requisito de justificación pública. La obligación moral fundamental que toma como punto de partida el argumento de Larmore es la de que los ciudadanos *justifiquen* sus propuestas políticas sobre la base de razones que sean aceptables para todos los afectados, lo cual no implica, si interpretamos la cuestión desde la perspectiva de CEE, que los ciudadanos deban ser capaces de *convencer* efectivamente a sus interlocutores de que están justificados a afirmar la verdad o la corrección de las creencias sobre las que se apoyan dichas propuestas. Si se admite que S está justificado a afirmar que su concepción del bien es verdadera o correcta frente a cualquier agente con capacidades cognitivas normales, habrá cumplido con la norma de igual respeto, aunque al exponer sus puntos de vista en la arena política fracase en convencer a muchos de sus conciudadanos.

Como podrá percibirse, si se interpreta "justificar" desde la perspectiva de CEE, el argumento de Larmore no funciona. Por el contrario, si adoptamos CBC, el argumento parece consistente. Ello se debe a que dicha concepción de la idea de justificación bloquea las tres objeciones que acabo de presentar contra el argumento de Larmore. De acuerdo con CBC la justificación de creencias a) posee un estatus contextual, b) es posible sólo si los sujetos que participan del proceso de diálogo toman como punto de partida un conjunto de premisas compartidas y apelan a modos de razonar aceptables para todos –es decir, a una misma base común– y c) presupone que los sujetos son efectivamente capaces de *convencer* a sus interlocutores de que están justificados a afirmar sus puntos de vista.[10] CEE, como acabamos de ver, rechaza a), b) y c). El problema es que Larmore nunca explica por qué deberíamos aceptar CBC en lugar de CEE. La ausencia de esa explicación no es sorprendente, dado que daría lugar al tipo de debates filosóficos sustantivos que el liberalismo político pretende eludir para evitar convertirse en una doctrina filosófica controvertida. Sin embargo, la apelación a CBC ya genera de por sí ese resultado, dado que, como vimos, resulta incompatible en aspectos centrales con CEE. Una defensa apropiada del liberalismo político, y de la concepción de la deliberación política pública asociada a esta perspetiva, debería eludir tanto el compromiso con CBC como evitar cuestionar las tesis centrales de otras concepciones diferentes de la idea de justificación de creencias.

[10] Ello se debe a que, según Larmore, la razón por la cual en el desarrollo del diálogo político los ciudadanos deberían apelar a aquello que sus interlocutores "ya creen" consistiría, en última instancia, en que sólo de esa forma la justificación de sus propuestas políticas podría lograr cumplir con su "función pragmática": *convencer* a aquellos que están en desacuerdo de que deberían abrazar las mismas creencias que ellos suscriben (véase Larmore 1996:135).

IV Un argumento alternativo

Mi propósito en esta sección es ofrecer un nuevo tipo de argumento en favor de la tesis de que las deliberaciones orientadas a la toma de decisiones acerca de las políticas fundamentales del Estado deberían tomar como guía RDR.[11] Para ello rescataré algunos elementos de la argumentación de Larmore; sin embargo, mi propuesta será significativamente diferente, dado que recurriré a una serie de premisas que no están presentes en el planteo original del autor y propondré modificaciones de orden conceptual que permitirán evadir las dificultades examinadas en las páginas precedentes.

Tomaré como punto de partida el análisis del siguiente ejemplo.

> Dos científicos, A y B, se encuentran trabajando en distintas aplicaciones tecnológicas de una misma teoría, TC1. Se trata de una teoría novedosa que cuenta con un número significativo y creciente de defensores dentro de la comunidad científica. Dado que hay disponible muy buena evidencia en su favor, A y B se encuentran firmemente convencidos de que TC1 es verdadera. Por supuesto, ambos reconocen que en ciencias fácticas la posibilidad de error es ineliminable y que nunca puede ser considerada trivial, por convencido que se esté de la verdad de una teoría. Ahora bien, existe una diferencia importante entre las investigaciones de ambos científicos. Mientras la investigación de A es inocua en caso de error, la situación de B es diferente; dado el tipo particular de pruebas y experimentos que debe realizar, si TC1 fuese falsa sus acciones producirían un daño enorme: miles de personas –y él mismo entre ellas– podrían morir o sufrir lesiones irreversibles. Por otra parte, alertados del riesgo, los potenciales afectados por la investigación de B se oponen drásticamente a que ést continúe con su trabajo.

Es plausible sostener que A y B están igualmente justificados, desde una perspectiva epistémica, a *creer* que TC1 es verdadera. Ello se debe a que los dos sujetos poseen la misma evidencia en favor de dicha teoría.

---

[11] Al igual que la propuesta de Larmore, mi argumento no pretende justificar la exclusión de la discusión de visiones comprehensivas del bien de la esfera pública, sino cuestionar su aptitud como justificación exclusiva de la toma de *decisiones* políticas que afectan los derechos fundamentales –políticos, civiles y económicos– de los ciudadanos.

Ahora bien, ¿están ambos igualmente justificados a *actuar* sobre la base de esa creencia? La situación de A parece ser un caso en el que estar epistémicamente justificado a afirmar que *p* –es decir, "TC1 es verdadera"– constituye una justificación suficiente de la decisión de actuar sobre la base de dicha creencia. Por supuesto, la creencia de que TC1 es verdadera no puede explicar por sí sola la decisión de A de llevar adelante su proyecto de investigación: debemos suponer que el agente tiene una serie de propósitos o motivaciones como, por ejemplo, el deseo de promover el desarrollo de su disciplina, de ser un científico reconocido, etc. Ahora bien, si A suscribe propósitos como los mencionados y está epistémicamente justificado a creer que TC1 es verdadera, eso parece implicar que estará también justificado a llevar adelante un proyecto de investigación que tome como presupuesto la aceptación de TC1. ¿Qué razones podrían aducirse contra esa conclusión? Las acciones de A resultarán inobjetables no sólo desde un punto de vista epistémico, sino también desde dos perspectivas que resultan ineludibles a la hora de considerar o no justificada la decisión de actuar: la prudencial y la moral. Ello se debe a que si A estuviese en un error y TC1 fuese falsa, ni su propio bienestar ni el de terceros resultarían afectados como consecuencia de su trabajo. En un escenario como éste, no sólo es sensato concluir que A está justificado a desarrollar su proyecto de investigación, sino que, a la luz de sus creencias y propósitos, resultaría extraño y, quizá, irrazonable que no lo hiciera.

Aunque A y B comportan tanto la creencia justificada de que TC1 es verdadera como las mismas motivaciones para llevar adelante sus planes, la situación del segundo científico es drásticamente diferente de la del primero. Para B hay mucho más en juego en caso de error que para A. Imaginemos por un momento que B evalúa la situación desde un punto de vista puramente auto-interesado –dejando fuera de consideración las consecuencias de sus acciones para los otros sujetos que podrían ser afectados–. Si TC1 fuese falsa, B podría perder la vida o sufrir daños graves e irreversibles. Por contraste con lo que ocurría en el caso de A, en la situación en la que se encuentra B no tiene sentido decir que dadas sus creencias y propósitos sería extraño o irrazonable que decidiera no realizar los experimentos requeridos por su proyecto. Es perfectamente comprensible que no esté dispuesto a correr el riesgo de tomar a la creencia de que TC1 es verdadera como una base suficiente para decidir actuar, dado que existe una probabilidad ineliminable y no trivial de error cuyos costos son terribles. Cuando afirmamos que un agente está justificado a tomar la decisión de actuar, muchas veces queremos decir que aunque la decisión es, bajo cierta perspectiva, el resultado de su voluntad, no es meramente eso, sino que, a la vez, posee el respaldo de razones dotadas de una validez independiente.[12] Cuando A opta por continuar con su investigación, la premisa clave de esa decisión es una creencia epistémicamente justificada –la creencia de que TC1 es verdadera– que, como tal, no es el resultado de la voluntad de dicho sujeto. En tanto se trata de una creencia justificada, deberá ser aceptable para todo sujeto con capacidades cognitivas normales y satisfacer criterios de corrección imparciales e impersonales. Sin embargo, como acabamos de ver, la situación es diferente en el caso de B; la premisa clave en su deliberación no es la *creencia* justificada de que TC1 es verdadera, sino otra *decisión*, que queda claramente supeditada a la voluntad del sujeto: la de estar dispuesto a correr el riesgo de que TC1 sea falsa y a sufrir las consecuencias que ello podría acarrear. B no cuenta con garantías epistémicas que le permitan eludir el peso de esa decisión; como sabemos, la probabilidad de error existe, no es trivial y su relevancia resulta intensificada por la gravedad de las consecuencias del error. Correr el riesgo de actuar o evitar ese riesgo absteniéndose de hacerlo no depende de las creencias de B sino de su voluntad. B también podría plantear las cosas de otro modo: afirmar que ha optado por dejar fuera de consideración la posibilidad de que TC1 fuese falsa y seguir adelante con su investigación. En este caso, nuevamente, la premisa clave en su deliberación no es una *creencia* sino la *decisión*, que no cuenta con respaldo epistémico, de tomar una creencia probablemente falsa como infalible.

Aunque puede defenderse la idea de que B tendría derecho a seguir el curso de acción que desee si sólo él resultara afectado, ésa no es la situación que enfrenta en el caso examinado. Dado que otros sujetos podrían sufrir graves daños como consecuencia de sus acciones, es pertinente evaluarlas adoptando un punto de vista moral. Desde esta perspectiva,

---

[12] Hay casos, por supuesto, en que la decisión de actuar puede depender completamente de la voluntad del sujeto y no requerir del respaldo de ninguna razón. Sin embargo, no es eso lo que ocurre cuando las acciones del agente tienen un impacto significativo sobre el bienestar de terceros y estamos juzgando las cosas desde un punto de vista moral.

resulta claro que B no tiene derecho ni autoridad para decidir por los potenciales afectados correr el riesgo de cometer un error o para comportarse como si ese riesgo no existiera. Según acabamos de ver, ninguna de esas decisiones puede derivarse simplemente de la creencia justificada de que TC1 es verdadera –dado el carácter ineliminable y no trivial de la probabilidad de error y sus terribles costos–, sino que dependen de la voluntad de B. ¿Pero por qué la voluntad de B debería tener prioridad sobre la voluntad contraria de los otros sujetos que serían previsiblemente afectados por su acción, especialmente, tomando en cuenta la importancia de lo que está en juego? Si B tuviera esa autoridad para decidir por el resto de los afectados, ello equivaldría a negar un principio moral fundamental: la norma de igual respeto por las personas, dado que implicaría reconocerle a B derechos especiales que el resto de los sujetos no posee. Por cierto, ese resultado es completamente inaceptable.

Las consideraciones precedentes establecen el punto de partida para desarrollar una argumentación en favor de RDR. El objetivo último de la deliberación política entre ciudadanos de una democracia constitucional contemporánea no es justificar *creencias*. Lo que se pretende justificar son las políticas del Estado, que no tienen el estatus de un mero conjunto de creencias, sino que son, como resultará obvio, *acciones*. La justificación de creencias juega sin duda un papel significativo dentro de ese proceso, pero no es la meta final ni es necesariamente determinante. Como hemos visto, hay contextos en los cuales que un sujeto esté justificado desde una perspectiva epistémica a creer que p no es suficiente para que dicho sujeto esté moralmente justificado a actuar sobre la base de tal creencia. Ahora bien, cuando la acción del Estado afecta los derechos fundamentales de los ciudadanos, nos encontramos en un escenario muy similar al del científico que se dispone a realizar un riesgoso experimento. En primer lugar, si el Estado comete un error –si basa sus políticas en creencias falsas, aunque justificadas desde una perspectiva epistémica, acerca de la naturaleza de la buena vida–, el daño sufrido por los afectados será muy grave y, quizá, irreparable: sus oportunidades de llevar adelante una vida valiosa o, por lo menos, mínimamente satisfactoria, estarán en peligro. Ello se debe a que sólo el Estado puede garantizar la disponibilidad de los bienes sociales primarios –en el sentido técnico que Rawls da a este concepto (Rawls 1993: 181)–, de los que depende que las personas tengan oportunidades reales de llevar adelante sus planes de vida. En segundo lugar, al igual que en el ejemplo del científico B, sería irrazonable negarse a adoptar en el terreno moral y político una posición falibilista. Aun cuando se acepte la posibilidad de que las doctrinas comprehensivas religiosas, filosóficas o morales sean susceptibles de una justificación apropiada desde una perspectiva epistémica, no resulta sensato sostener que se pueda alcanzar en este terreno un conocimiento infalible y definitivo. Si esa pretensión es implausible incluso en el caso de las ciencias fácticas, considerarla aceptable en el de las cuestiones religiosas, filosóficas o morales parece poco razonable. Además, hay buenas razones para afirmar que la probabilidad de error al elaborar una visión comprehensiva de la buena vida será siempre significativa. Ello se debe a la injerencia de factores como los que Rawls denominó "cargas del juicio" (*burdens of judgment*): a) la evidencia empírica que debe ser tenida en cuenta suele ser conflictiva y compleja; b) el acuerdo acerca de qué tipo de consideraciones son relevantes no garantiza acuerdo acerca de su peso; c) los conceptos clave a los que apelamos –no sólo morales y políticos– son vagos y están sujetos a casos difíciles de interpretar; d) la experiencia global de los sujetos, que da forma al modo en que evalúan la evidencia y sopesan valores, diferirá profundamente en las complejas sociedades modernas; e) diferentes tipos de consideraciones normativas pueden estar involucradas; f) ante la necesidad de seleccionar entre valores apreciados, se enfrentan grandes dificultades para establecer prioridades (Rawls 1993: 56-57). Todas estas dificultades no explican sólo la inviabilidad de alcanzar amplios consensos en torno de concepciones comprehensivas de la buena vida en sociedades complejas y pluralistas, sino que deberían llevar a todo sujeto a admitir que las probabilidades de que haya cometido errores al elaborar sus puntos de vista sobre estas cuestiones son siempre significativas.[13] En tercer lugar, al igual que en el caso del científico B, donde los posibles afectados por sus experimentos rechazaban que siguiera adelante con la investigación, la pretensión de modelar la sociedad a la luz de una

---

[13] Si en el proceso de formación de nuestras creencias hemos debido evaluar evidencias conflictivas y complejas, es probable que hayamos cometido algún error al hacerlo. Si los conceptos que utilizamos son vagos, es probable que hayamos incurrido en confusiones o en una mala interpretación del alcance y el significado de dichos conceptos. Si nuestra experiencia global influye en el modo en que sopesamos los valores morales y políticos, es posible que hayamos sido parciales. Consideraciones similares son pertinentes en relación con el resto de las cargas del juicio citadas.

visión comprehensiva religiosa, filosófica o moral determinada resultará rechazada por muchos ciudadanos. Dado el hecho del desacuerdo razonable, muchos creerán que la concepción de la buena vida suscrita por el grupo mayoritario es falsa y que su implementación política redundará en una reducción drástica de sus oportunidades de llevar adelante una existencia satisfactoria. Mi hipótesis es que los paralelos que acabo de enumerar entre la situación del científico B y la de los ciudadanos en la esfera política de una democracia contemporánea hacen que las mismas conclusiones que resultan pertinentes en el primer caso sean igualmente válidas en el segundo. Así como en el contexto en que se encuentra, el científico B no está justificado a actuar sobre la base de su creencia en la verdad de TC1, aunque disponga de una justificación epistémicamente apropiada de dicha creencia, en el contexto de una democracia pluralista, los defensores de una visión comprehensiva de la buena vida no pueden estar justificados a promoverla mediante el uso del poder del Estado, aun cuando dispongan de una justificación epistémicamente apropiada de su creencia en la verdad o la corrección de tal visión. En ninguno de los dos casos estar epistémicamente justificado a afirmar la verdad de una creencia o de un conjunto de creencias es suficiente para estar justificado a actuar sobre la base de tal creencia o de tal conjunto de creencias.

Supongamos que un grupo de ciudadanos, que llega a ser el más numeroso, logra que el Estado ponga en práctica políticas que afectan los derechos y las libertades fundamentales de los ciudadanos, las cuales sólo pueden ser justificadas apelando a la concepción de la buena vida defendida por dicho grupo. Por supuesto, otros grupos de ciudadanos suscriben concepciones incompatibles con las que dan apoyo a las políticas implementadas. Al impulsar esas políticas, los ciudadanos del primer grupo saben que existe una probabilidad significativa e ineliminable de estar cometiendo un error, conocen las consecuencias desastrosas para los afectados que tendría estar cometiendo un error y saben de la oposición de muchos de sus conciudadanos a la implementación de las políticas que proponen. En esas condiciones, los miembros del grupo mayoritario no pueden afirmar que la premisa que justifica su acción política es la creencia epistémicamente justificada de que la visión comprehensiva de la buena vida que suscriben es verdadera, es decir, una premisa basada en estándares impersonales e imparciales que todos deberían aceptar. La premisa clave, en la que se apoya su decisión de actuar, es un acto de voluntad, otra *decisión*: la de correr el riesgo de que sus creencias, aunque justificadas, sean falsas y produzcan un grave daño tanto a sí mismos como a terceros, o bien, la de dejar fuera de consideración esas posibilidades y comportarse como si no existieran. Al igual que en el caso del científico B, si las políticas del Estado afectaran exclusivamente a los miembros del grupo mayoritario, es perfectamente plausible concluir que, en caso de que se pusieran de acuerdo entre sí, tendrían todo el derecho del mundo a tomar esas decisiones. El problema es que no tienen ningún derecho a decidir *por* los otros ciudadanos que se oponen a sus planes. Si lo hicieran –al igual que si el científico B optara por realizar sus riesgosos experimentos–, estarían imponiendo unilateralmente su voluntad, tomando el destino de los otros ciudadanos en sus manos y transformándolos en meros medios para la realización de sus propósitos. Ello equivaldría a negarles el igual respeto que se les debe dada su condición de personas. Este resultado es completamente inaceptable y permite concluir que ningún ciudadano o asociación de ciudadanos debería tener derecho a utilizar el poder del Estado para decidir cuestiones que afectan derechos fundamentales sobre la base de las directrices de la visión comprehensiva de la buena vida de esa persona o de esa asociación.

La situación cambia radicalmente cuando RDR es tomada como guía de las deliberaciones políticas. En ese caso los ciudadanos deben poner entre paréntesis sus desacuerdos religiosos, filosóficos y morales más profundos y retroceder a una base común de creencias y modos de razonar que les permita ofrecer justificaciones de sus propuestas políticas que resulten, en la práctica, aceptables para todos. Dar ese paso no garantiza en forma infalible que las políticas que surjan del proceso deliberativo sean correctas ni que la gravedad del daño sufrido por los afectados en caso de error sea poco significativa. La existencia de una probabilidad no trivial de error y el hecho de que su costo para el bienestar de los ciudadanos sea siempre muy alto cuando se trata de políticas que afectan derechos y libertades fundamentales parecen aspectos ineliminables de la acción del Estado.[14] Probablemente un diálogo político guiado por RDR tampoco garantice la obtención de un consenso unánime en

---

[14] Acatar RDR y retroceder a una base común en las deliberaciones públicas orientadas a la toma de decisiones no cancela, obviamente, la falibilidad humana ni la injerencia de las cargas del juicio, y no elimina los errores que pueden cometerse en la implementación práctica de un programa político.

torno de una única propuesta política; es perfectamente posible que los ciudadanos desarrollen distintas interpretaciones de las creencias y los valores políticos que forman parte de esa base común compartida. Sin embargo, cumplir con RDR exige que las decisiones que finalmente resulten del proceso democrático estén basadas en creencias que todos los ciudadanos reconozcan como epistémicamente justificadas y en modos de razonar cuya corrección sea también reconocida en forma generalizada. Si esto es así, no parece tener ningún sentido afirmar que la propuesta política escogida por la mayoría representa meramente la expresión de la voluntad unilateral de un grupo: ¿cómo podría un ciudadano afirmar eso y a la vez reconocer que dicha propuesta posee el respaldo de creencias epistémicamente justificadas y formas correctas de razonar? Por otra parte, al acatar voluntariamente RDR, cada ciudadano se impone a sí mismo el deber de participar de un proceso de diálogo en que tendrá que sacrificar parte de lo que considera, a la luz de su visión comprehensiva, la verdad total o global acerca de la buena vida; después de todo, su meta es elaborar propuestas políticas cuya justificación sea aceptable para ciudadanos que suscriben visiones incompatibles con la suya. Esa decisión, dado su significativo costo –moral y epistémico–, no tendría sentido alguno si no implicara también la de aceptar correr los riesgos asociados con la implementación, por parte del Estado, de los resultados de la deliberación pública.

V Presupuestos teóricos del argumento

La meta de la presente sección es explicitar los presupuestos teóricos del argumento desarrollado en la sección precedente y completar su elaboración.

En la sección 3 fueron expuestos algunos de los rasgos definitorios de una concepción de justificación de creencias, que denominamos CEE, sumamente influyente tanto en la epistemología como en el sentido común. Ahora bien, ¿cuál es la noción de "creencia" presupuesta por CEE? Dicha noción podría ser caracterizada del siguiente modo:[15]

1) Las creencias apuntan a la verdad y ésta constituye su criterio de corrección (Shah 2003; Shah y Valleman 2005). Si llegamos a la

---

[15] En este punto sigo principalmente a Bratman (1992) y Engel (1998).

conclusión de que *p* no es verdad, y somos agentes cognitivamente razonables, no podemos continuar creyendo que *p*.

2) Las creencias razonables son conformadas por evidencias relativas a aquello que es creído y concernientes a la verdad de lo que es creído. Una creencia es racional si es respaldada por un grado adecuado de evidencia de su verdad. Es irracional creer en contra de la evidencia de la que se dispone o como resultado de factores que, a diferencia de los evidenciales, no están relacionados con la cuestión de la verdad o la falsedad de la creencia en cuestión.

3) Las creencias no son objeto de control voluntario por parte del agente, éste no puede decidir qué creer. Ello es una consecuencia, por supuesto, de la idea de que la verdad constituye el estándar de corrección de las creencias y de la tesis de que dichos estados mentales, cuando son razonables, son conformados por evidencia concerniente a su verdad. Dicha evidencia es objetiva y, por lo tanto, independiente de los deseos y de la voluntad del sujeto.

4) Las creencias son, en un sentido importante, contexto-independientes: un sujeto S, en un tiempo determinado, o bien cree en algo o bien no lo cree, pero no puede creer que *p* en un contexto y que no *p* en otro. Por ejemplo, S no puede creer que el candidato a senador C es corrupto cuando habla con su esposa y luego, cuando habla con un compañero de trabajo, creer –sin que haya variado la evidencia de la que dispone– que dicho candidato es honesto. Puede ocurrir que haya razones para mentirle a su compañero de trabajo y decirle, contra sus creencias, que el candidato no es co-rrupto, pero no puede creer ambas cosas por más que el contexto del diálogo cambie: o cree que el candidato es corrupto o cree que no lo es (Ver Engel 1998: 143). Si se cree algo, esa creencia debe perdurar a través de varios contextos, a no ser, por supuesto, que se la descarte como resultado de que ha surgido en el proceso evidencia contraria a ella. En ese caso, por supuesto, los sujetos deberían descartarla en todo contexto.

5) Las creencias admiten grados. Es posible atribuir una probabilidad baja, media o alta a una creencia determinada de acuerdo a la cantidad y la relevancia de evidencia –favorable o contraria– de la que se disponga.

6) Las creencias están sujetas a un ideal de integración o aglomeración. Los sujetos deberían intentar hacer coherentes y consistentes sus creencias, integrándolas dentro de un punto de vista global más amplio que posea tales características.

El punto 2 expresa una posición que ha sido aplicada con frecuencia tanto al concepto de creencia como al de justificación. Se trata del evidencialismo –también denominado, en ocasiones, purismo (Fantl y McGrath 2007) o intelectualismo (Stanley 2005)–. Dicha posición afirma que "la creencia de que p está epistemológicamente justificada para un sujeto S en cierto momento t si y sólo si dicha creencia recibe un apoyo adecuado de la evidencia de la que dispone S para afirmar p en t" (Conee y Feldman 2005: 83). Otra forma de expresar la idea consiste en afirmar que, dados dos sujetos S y S', necesariamente, si S y S' disponen de la misma evidencia a favor o en contra de p, entonces S está justificado en creer que p si y sólo si S' también lo está (Fantl y McGrath, 2002: 68). Al igual que CEE y la caracterización del concepto de creencia que acabo de esbozar, el evidencialismo no sólo constituye la posición tradicionalmente dominante en epistemología, sino que también se encuentra profundamente arraigado en el sentido común.[16] Este conjunto de ideas,[17] asociadas con la tradición epistemológica dominante, parece dar apoyo –lo cual no resulta sorprendente– al modelo de justificación moral de la acción política que comparten los adversarios del liberalismo político.

[16] Robert Talisee incluye, por ejemplo, el compromiso con el evidencialismo como parte de la "folk epistemology" a partir de la cual intenta ofrecer justificación de la democracia (véase Talisse 2009: 99 y ss.)

[17] No he hecho referencia al concepto de verdad, quizá uno de los más controvertidos de la historia de la filosofía. Para nuestros propósitos es pertinente evitar, hasta donde resulte posible, esas controversias y apelar a una concepción modesta. Podemos decir, siguiendo a Estlund, que cuado alguien dice, por ejemplo, que la discriminación de género es injusta, esta afirmando que es *verdad* que la discriminación de género es injusta (véase Estlund 2008: 5). Es quizá importante notar que, al igual que los conceptos de justificación y creencia, el concepto de verdad parece resultar problemático para el liberalismo político. De hecho, Rawls sostuvo que dicha posición prescinde del concepto de verdad y lo reemplaza por el de lo razonable. Recientemente Joshua Cohen ha sostenido que el intento rawlsiano de prescindir del concepto de verdad resulta poco plausible, dado que el ideal de razón pública del liberalismo político resultaría inseparable de una serie de conceptos que están indisolublemente ligados al de verdad, como los de creencia, aserción, juicio, razón y objetividad. (Véase Cohen 2009: 5).

Dicho modelo de justificación moral de la acción política podría esquematizarse en los siguientes términos –podemos denominarlo MEJP–. La acción política está *moralmente* justificada cuando los agentes que la llevan adelante, además de satisfacer las reglas del procedimiento democrático vigente y estar dispuestos a defender sus puntos de vista en el foro público, cumplen con dos condiciones adicionales:

1) Las premisas del razonamiento al que apelan para justificar públicamente sus propuestas son a) deseos o metas que comparten o que deberían compartir todos los miembros de la comunidad política y b) creencias morales comprehensivas y creencias fácticas que poseen una justificación epistémica apropiada.

2) La conclusión del razonamiento, es decir, la concepción de la justicia o las medidas concretas que son derivadas de esa concepción de la justicia, reciben un apoyo apropiado de las premisas que constituyen el punto de partida de la argumentación.

Satisfacer 1.a es relativamente sencillo. El argente puede afirmar que lo motiva a actuar el deseo o la meta de proponer y lograr la vigencia de términos justos de cooperación o de principios de justicia que promuevan, en forma equitativa, el bienestar de todos los ciudadanos. El rechazo del escepticismo con el que, según vimos, se compromete el liberalismo político, implica aceptar que el defensor de una concepción de la justicia derivada de una doctrina comprehensiva religiosa, filosófica o moral, puede satisfacer tanto 1.a y 1.b como 2. Una vez admitida la posibilidad de que las creencias comprehensivas pueden contar con una justificación epistémicamente apropiada –posición implicada en el rechazo del escepticismo–, parece arbitrario negar que puedan formar parte, como premisas, de razonamientos válidos o consistentes acerca de cuestiones relativas a la justicia, como también resulta arbitrario negar que tales razonamientos puedan involucrar creencias fácticas epistémicamente justificadas.

La fuerza de MEJP es fácil de percibir. Estamos suponiendo que un agente que acata los procedimientos democráticos, y está dispuesto a hacer una defensa pública de sus propuestas, actúa motivado por el deseo o la meta de lograr la vigencia de principios equitativos de cooperación, que promuevan imparcialmente el bien de todos los afectados, y define el contenido de esos principios de cooperación por medio de un razonamiento consistente que toma como premisas creencias epistémicamente justificadas. ¿Qué podría resultar cuestionable desde una perspectiva moral en este escenario? No parece convincente, al menos en principio, criticar el proceder de dicho agente afirmando que al apelar a su doctrina comprehensiva religiosa, filosófica o moral, que es rechazada por muchos de sus conciudadanos, está intentando imponer *sus* puntos de vista sobre los de los demás, en definitiva, intentando imponer su voluntad o sus preferencias personales sobre las de los otros y, de ese modo, arrogándose un derecho especial, incompatible con la igual dignidad de las personas. Si se admite que las creencias comprehensivas del agente, a partir de las cuales ha elaborado la concepción de la justicia que propone, se encuentran epistémicamente justificadas, no puede afirmarse que sean el fruto de su voluntad, sus deseos egoístas, etc. Como vimos, desde la perspectiva tradicional, las creencias justificadas están más allá del control voluntario de los agentes, dependen de la evidencia relativa a su verdad o falsedad de la que dispongan —es decir, de evidencia objetiva e imparcial—. Abstenerse de cuestionar la pretensión de un agente que dispone de una justificación epistémicamente apropiada de la creencia en la verdad de su doctrina comprehensiva es, entonces, incompatible con afirmar que la apelación a esa doctrina equivale a un intento de imponer *sus* puntos de vista, *sus* deseos o *sus* preferencias sobre las de los demás.

El argumento que he desarrollado en la sección precedente tiene como propósito principal demostrar que MEJP no funciona en el contexto que ofrece la esfera política de una democracia constitucional moderna. Para ello, dicho argumento apela a la combinación de tres premisas. La primera afirma que el reconocimiento de la igual dignidad de las personas implica que todo agente tiene la obligación de ofrecer una justificación de sus acciones, frente a los afectados, cuando éstas tienen previsiblemente un impacto significativo sobre sus vidas (su bienestar, sus planes y proyectos, etc.). Esa obligación es especialmente exigente cuando existe una probabilidad no trivial de que, contra las intenciones y las creencias del agente, esas acciones puedan causar a los afectados un daño severo e irreparable. La segunda premisa afirma que dada la complejidad de las materias sobre las que versan las doctrinas comprehensivas y la injerencia de factores como las cargas del juicio, la probabilidad de cometer un error al elaborar a partir de dichas doctrinas propuestas políticas concretas nunca puede ser considerada trivial, por convencido que se esté de la verdad o la corrección de las creencias que son tomadas como punto de partida. La tercera premisa hace referencia a un fenómeno que ha estado recientemente en el centro de diversos debates epistemológicos: el contraste entre contextos de deliberación, toma de decisión y acción en los que el costo de cometer un error es bajo y contextos en que dicho costo es muy alto.[18] Una de las intuiciones básicas involucradas en esta distinción parece ser la siguiente: cuando un agente se encuentra en un contexto en el cual el error tiene un costo insignificante o muy bajo para su bienestar o el de terceros, los estándares de justificación epistémica que debe satisfacer para estar moralmente justificado a actuar resultan menos exigentes que aquellos que debe satisfacer en casos donde la gravedad de las consecuencias de haber tomado como punto de partida creencias falsas es mayor.

La mera afirmación de que somos falibles no parece tener por sí sola ninguna implicación práctica: como suelen sostener los pragmatistas, se trata meramente de "dudas de papel". Aceptar que existe una probabilidad pequeña pero no trivial de error respecto de un conjunto concreto de creencias, esto es, la doctrina comprehensiva que se suscribe –esta es la premisa del argumento propuesto–, es diferente de reconocer, en general, que los seres humanos son falibles. Sin embargo, esta idea, tomada en sí misma, no tiene un impacto práctico diferente al de este último reconocimiento: carece de toda consecuencia para la acción. Hay muchos contextos en que no vemos ningún problema en actuar sobre la base de creencias que reconocemos que poseen una probabilidad no trivial de ser falsas. Sin embargo, la situación cambia cuando los agentes se encuentran en contextos en los que el costo del error es muy alto para su bienestar o para el bienestar de terceros. En ese caso, la existencia de una probabilidad no trivial de error se torna relevante a la hora de tomar

---

[18] Dicha distinción juega un papel central tanto en el contextualismo, defendido por autores como Stewart Cohen (1999) o Keith DeRose (1992), como en las posiciones denominadas "pragmatic encroachment" e "interest-relative invariatism", defendidas, respectivamente, por Jeremy Fantl y Mathew MacGrath (2009) y por Jason Stanley (2005). Todos estos autores apelan, como punto de partida en la defensa de sus posiciones, a ejemplos estructuralmente similares al caso de los científicos A y B que utilicé para elaborar mi argumento; me refiero, por ejemplo, a los conocidos casos del aeropuerto, el banco y la estación de trenes, respectivamente utilizados por Cohen, DeRose, y Fantl y McGrath.

la decisión de realizar acciones que podrían tener tales consecuencias. Si lo que está en juego es muy valioso, la propia vida, por ejemplo, puede ser suficiente ese reconocimiento para que un sujeto considere que tiene buenas razones para abstenerse de actuar, y concluya que los beneficios que podría reportar la acción no justifican correr el riesgo de llevarla adelante.

Las consideraciones precedentes no permiten, sin embargo, concluir que exista alguna ventaja en adoptar la perspectiva que defiende el liberalismo político. Todas las acciones del Estado que afectan cuestiones de justicia básica o esencias constitucionales, ya sea que se basen en doctrinas comprehensivas o en concepciones de la justicia construidas acatando RDR, es decir, a partir de una base de creencias compartidas, poseerán una probabilidad no trivial de contener errores y de causar, en ese caso, un daño severo a los afectados. La idea de que la justificación de las políticas fundamentales del Estado requiere, en función de los riesgos involucrados, que se satisfagan estándares especialmente exigentes de justificación epistémica de creencias resulta sumamente razonable. Pero, al menos a primera vista, no parece ofrecer razones para considerar que las propuestas políticas elaboradas acatando RDR sean capaces de satisfacer estándares de justificación epistémica más exigentes que los que serían capaces de satisfacer propuestas elaboradas recurriendo exclusivamente a doctrinas comprehensivas.

El argumento que estoy proponiendo apela a una interpretación diferente de la interacción entre las tres premisas referidas y de sus implicaciones. La cuestión central es que en escenarios como el del ejemplo de los científicos A y B o en el contexto de la participación en foros democráticos de toma de decisión, en una sociedad caracterizada por el hecho del pluralismo, un agente no puede justificar sus decisiones políticas[19] frente al resto de sus conciudadanos recurriendo exclusivamente a una combinación entre deseos o metas compartidos y creencias epistémicamente justificadas que deriven de una doctrina comprehensiva particular. En un contexto semejante las decisiones nunca se apoyan,

---

[19] Estoy suponiendo, siempre que hablo de "acción o de propuestas políticas", que se trata de acciones o propuestas realizadas en foros de toma de decisión, no meramente en la esfera pública –entendida en términos habermasianos, por ejemplo–, y de acciones o propuestas que afectan esencias constitucionales o cuestiones de justicia básica.

exclusivamente, en una combinación de los dos elementos mencionados. Como vimos, el agente debe recurrir siempre a una premisa adicional, que juega un papel clave. El agente es consciente de que existe una probabilidad significativa de que sus creencias comprehensivas sean falsas. Por pequeña que considere esa probabilidad, debe reconocer que ésta se vuelve relevante desde una perspectiva práctica como consecuencia de varios factores: la gravedad del daño que podrían sufrir terceros en caso de error, el hecho de que les debe a los afectados una justificación adecuada de sus acciones, el hecho de que éstos rechazan sus creencias y su propuesta política. Si, en un escenario de esas características, el sujeto se propone seguir adelante intentando imponer los principios de justicia que derivan de su doctrina comprehensiva, ello implica ha decidido, por los demás, que vale la pena correr el riesgo de implementar dichos principios o que debería actuarse como si ese riesgo no existiera. De modo que la estructura de su argumento no está compuesta de dos elementos: deseos o metas compartidos por todos los miembros de la comunidad y creencias epistémicamente justificadas (comprehensivas y fácticas), sino que introduce un tercer elemento: la afirmación de que un sujeto está autorizado a decidir que vale la pena correr el riego de que los afectados por su acción sufran un daño severo y probablemente irreparable o la afirmación de que está autorizado a proceder como si el riesgo de error y daño no existiera. ¿Cómo caracterizar el estatus de este tercer elemento? Una alternativa, que considero interesante y esclarecedora desde una respectiva filosófica, consiste en afirmar que en casos como los que estamos considerando, la decisión del agente depende de la combinación de sus deseos o metas y creencias epistémicamemte justificadas con un acto de *aceptación*. La distinción entre creencia y aceptación (*acceptance*) ha sido propuesta por varios filósofos.[20] Los actos de aceptación son actitudes, o, como dice Jonathan Cohen, "políticas" que los sujetos toman frente a sus creencias. Aceptar que p equivale a tomar la decisión de tratar a dicha proposición, en un contexto específico de deliberación, como verdadera, dejando de lado, por el momento y para los fines de la deliberación y la subsecuente toma de decisión, la posibilidad de que sea falsa (Cohen 1992: 4-5, Bratman 1992: 2, Engel 2000: 10).

---

[20] Véase Van Fraassen 1980, Stalnaker 1984, Cohen, L. J. 1992 Bratman 1992, Tuomela 2000 y Velleman 2000.

Parece haber significativos contrastes entre los conceptos de creencia y de aceptación. En primer lugar, aunque normalmente los sujetos tenderán a aceptar premisas en las que también creen, puede ocurrir que acepten y tomen decisiones sobre la base de premisas en cuya verdad no creen (Cohen 1992: 4-16). En segundo lugar, mientras es perfectamente razonable hablar de grados de creencia, el acto de aceptar una proposición es una cuestión de todo o nada, no hay grados de aceptación. Ello se debe a que aceptar que p equivale a tomar dicha proposición como garantizada (Bratman 1992: 2); si se la acepta, se lo hace como si no existiera ninguna posibilidad de que sea falsa; la aceptación es plena o no tiene lugar en absoluto. En tercer lugar, mientras la justificación de una creencia debería depender de factores puramente epistémicos, es decir, relacionados con la evidencia de la que se dispone acerca de su verdad, los actos de aceptación dependerán de factores prácticos de orden prudencial, moral, etc.[21] La verdad no es el criterio de corrección de los actos de aceptación. En cuarto lugar, a diferencia de las creencias, los actos de aceptación están bajo el control voluntario de los agentes. Si bien no se puede decidir qué creer, tomar una proposición como premisa de nuestras deliberaciones orientadas a la acción, excluyendo la posibilidad de que sea falsa –cuando no disponemos de razones epistémicas para justificar ese proceder–, es un decisión voluntaria del sujeto. En quinto lugar, mientras las creencias deberían permanecer constantes en diversos contextos de acción si no varía la evidencia de la que se dispone en su favor –o en su contra–, los actos de aceptación son contexto-dependientes. En sexto lugar, los actos de aceptación no parecen estar sujetos al mismo tipo de *desiderátum* de integración en un corpus coherente que suele considerarse pertinente en el caso de las creencias.[22] Consideremos brevemente un ejemplo, para ilustrar los contrastes que acabamos de mencionar. Supongamos que un abogado defensor cree que su cliente, acusado de violar a tres niños, es inocente. Tiene muy buena evidencia en favor de su punto de vista, pero reconoce que existe un cierto grado de probabilidad de que su cliente

[21] Como afirma L. J. Cohen, las razones para aceptar que p pueden ser éticas, profesionales, prudenciales, religiosas, estéticas y, en general, pragmáticas, en lugar de evidenciales. (Véase Cohen 1992: 20).

[22] En esta caracterización del concepto de aceptación, en la que difiere de los seis rasgos atribuidos al inicio de la sección al concepto de creencia, sigo, fundamentalmente, a Bratman (Bratman 1992: 9-11, véase también Engel 2000: 6-22).

sea culpable de al menos uno de los crímenes. Como abogado, tiene la obligación profesional de no tomar en cuenta esas pequeñas dudas al elaborar su estrategia de defensa del acusado. Debería, incluso, tomar como punto de partida de la elaboración de su caso la inocencia de su cliente aunque no creyera en ella y supiera fehacientemente que es culpable. Ésas son las reglas de la práctica de la que toma parte: cuando no hay otras alternativas para evitar una condena, el agente *acepta* tomar como premisa de las deliberaciones que conducen a elaborar su alegato en favor de su cliente la premisa "el acusado es inocente", crea o no en ella. Resulta claro que la aceptación de esa premisa es determinada por factores prácticos, la evidencia relativa a su verdad o falsedad no tiene peso. Por otra parte, esa aceptación es un acto voluntario, que forma parte de la decisión del agente de tomar el caso asumiendo la función de abogado defensor. Por contraste con lo que ocurre con la aceptación, la creencia en la inocencia o la culpabilidad de los acusados, si el abogado se comporta como un agente epistémicamente racional, no está bajo su control voluntario, sino que depende exclusivamente de la evidencia de la que disponga –al menos desde la perspectiva tradicional que estamos adoptando–. Ahora bien, los actos de aceptación son contextuales: el abogado defensor debe aceptar la premisa que afirma la inocencia de su cliente en la corte, pero no tiene por qué hacerlo en otros contextos. Por ejemplo, si el abogado cree que su defendido es realmente un violador de niños, aunque haya razonado excluyendo esa posibilidad en la corte, ello constituye una buena razón para evitar entablar cualquier clase de relación personal futura con dicho individuo. Si el abogado creyera que el acusado es inocente pero admitiera que existe una mínima probabilidad de estar cometiendo un error, ello constituiría, por ejemplo, una buena razón para no dejar a su hijo de nueve años al cuidado de ese individuo. El costo del error sería tan alto que, aunque creyera firmemente en la inocencia de su antiguo cliente, reconocer que existe una probabilidad pequeña pero no trivial de que su creencia sea falsa constituye una razón muy fuerte para abstenerse de actuar sobre la base de su aceptación en un contexto semejante.[23]

[23] Robert Nozick utiliza un ejemplo similar para defender, contra la posición dominante, la tesis de que las creencias tienen un estatus contextual (Véase Nozick 1995: 96-100). Si aceptamos esta concepción desaparece el problema que plantea la concepción tradicional de creencia al liberalismo político. No habría inconsistencia

El ejemplo del abogado muestra también que no hay ninguna clase de incoherencia en el hecho de que el mismo sujeto realice actos de aceptación de proposiciones con contenidos incompatibles (como: "el acusado es inocente" en la corte y "el acusado es culpable" fuera de la corte), manteniéndose estables las evidencias a favor de la verdad de una de las proposiciones y de la falsedad de la otra. Dado que los actos de aceptación son regulados por factores prácticos que varían de acuerdo al contexto de acción, no rige de igual modo que en el terreno de las creencias un ideal de integración coherente.

Como ocurre con la acción del abogado dentro de la corte, la defensa de principios de justicia o políticas concretas, cuya justificación depende de la aceptación de doctrinas comprehensivas, depende de un acto de aceptación y no meramente de creencias que se presuponen epistémicamente justificadas —en combinación, por supuesto, con deseos o metas aceptables para todos—. La diferencia entre ambos casos consiente en que, como intentamos demostrar, mientras el acto de aceptación del abogado defensor está libre de reproches morales —su proceder se ajusta a las reglas de una institución social aceptada y valorada—, no ocurre lo mismo en el caso político. El acto de aceptación en este último caso equivale a la imposición, injustificada, de la voluntad de un agente o grupo sobre la de otros agentes e implica violar el reconocimiento del igual respeto que éstos merecen como personas. Como vimos, algo similar ocurría en caso del científico B. Éste no tiene derecho a aceptar la verdad de TC1, excluyendo la posibilidad de que sea falsa, y tomarla como premisa en la justificación de la realización de experimentos altamente peligrosos para terceros: dado que 1) existe un posibilidad significativa, por pequeña que sea, de que TC1 sea falsa —lo cual produciría previsiblemente el fracaso de los experimentos y un daño irreparable a los afectados— y 2)

---

alguna en que un sujeto considere justificadas ciertas creencias en contextos no políticos y reconozca que no puede considerarlas de igual modo en los foros políticos. Sin embargo, esto es sumamente problemático para el liberalismo político, porque supone rechazar intuiciones que tienen mucho arraigo tanto en la tradición filosófica como en el sentido común. La estrategia de adoptar la distinción entre creencia y aceptación que estoy proponiendo evita dar ese paso. Lo que cuestiona el argumento propuesto es que sea moralmente legítimo tomar como garantizada la verdad de un doctrina comprehensiva y utilizarla como premisa para justificar la acción del Estado. Eso es compatible con que se admita que el sujeto está justificado a creer en la verdad de dicha doctrina comprehensiva tanto en contextos políticos como no políticos.

el agente es consciente de la oposición de los restantes miembros de la comunidad a la realización de sus planes. El científico no tiene derecho a tomar en sus manos el destino de los afectados por sus acciones como si ellos no fuesen personas sino meros objetos con los que, de algún modo, también puede experimentar. De igual modo, el defensor de una doctrina comprehensiva no puede tomarla como premisa decisiva de la justificación de sus propuestas políticas, excluyendo la posibilidad de que sea falsa y su implementación dañe severa e irreparablemte a terceros, si es consciente de la existencia de una probabilidad significativa de error en sus creencias, por pequeña que sea, y de la oposición a sus puntos de vista y propuestas por parte de muchos de los afectados. Nuevamente, no tiene derecho a decidir por ellos correr el riesgo de que las propuestas que defiende les produzcan un daño grave o a decidir actuar como si ese riesgo no existiera. Si lo hiciera, estaría tomando el destino de los afectados en sus manos y privándolos del igual respeto que merecen en tanto que agentes morales. Como en el caso del científico B, estaría tomando la decisión unilateral de experimentar con las vidas de los afectados por sus propuestas.

Podría objetarse que la apelación a la distinción entre creencia y aceptación, a la que acabo de recurrir, resulta problemática: dado que se trata de una tesis epistémológica, no puede evadir el elevado grado de controversia que afecta a todo producto filosófico considerablemente complejo. Hay al menos dos cosas para decir frente a esta objeción. La apelación a la distinción en cuestión es un intento de ofrecer una explicación de las consecuencias que tendría para la justificación moral de acciones en el seno de foros políticos el contraste entre contextos de decisión en los cuales el costo del error es bajo o irrelevante para terceros y aquellos en los cuales es sumamente elevado. La diferencia entre estos dos tipos de contextos ha sido utilizada por algunos filósofos para cuestionar tesis que constituyen, según vimos, presupuestos del modelo de justificación moral de acciones de la tradición dominante dentro de la filosofía política. En particular, el evidencialismo y la tesis de que las creencias son contexto-independientes. La idea sería que los factores prácticos, como el costo del error, afectan la justificación epistémica misma de creencias o el conocimiento. Retomando el ejemplo de los científicos, podría decirse que aun cuando A y B dispongan de la misma evidencia, sólo en el caso del primero podría afirmarse que está justificado a creer en la verdad de TC1. En el contexto de B, como consecuencia del elevadísimo costo del error, los estándares requeridos para afirmar que dicho agente está justificado a creer o que dispone de conocimiento suben drásticamente y tornan poco plausibles tales afirmaciones.[24] Desde otra perspectiva, Robert Nozick ha esbozado y defendido una concepción contextualista de la idea de creencia apelando a un ejemplo muy similar al del abogado que utilizamos líneas atrás.[25] Un agente puede estar firmemente convencido de que p en un contexto donde los costos del error son bajos y suspender el juicio o, incluso, dejar de afirmar que p cuando se encuentra en un contexto en el que las consecuencias del error pueden ser muy altas para él o para terceros. Este tipo de posiciones podrían ser utilizadas para defender la tesis que, según vimos, parece resultar central para el liberalismo político, según la cual, si bien un agente puede estar justificado a creer en la verdad de su doctrina comprehensiva en contextos no políticos, no puede tener la pretensión de que esas creencias posean una justificación pública. Rawls parece suscribir en forma explícita esta tesis[26] y la apelación a CBC, presente tanto en Rawls como en Larmore, parece implicarla. Si la justificación de creencias requiere que el auditorio frente al que son justificadas comparta una base común, resulta claro que en condiciones de pluralismo razonable las doctrinas comprehensivas pueden justificarse sólo frente a ciertos auditorios parciales –por ejemplo, los miembros de una iglesia– pero no frente a la totalidad de los miembros de la sociedad. Si el evidencialismo es falso y la justificación epistémica de creencias es afectada por factores prácticos, hay que admitir la posibilidad de que una creencia o un conjunto de creencias puedan estar epistémicamente justificados en un contexto y no en otro,

---

[24] Las posiciones referidas han sido defendidas por Fantl y McGrath y por Stanley en los textos que hemos citado previamente.

[25] Ver nota 24.

[26] Rawls afirma que "dado que muchas doctrinas son vistas como razonables, aquellos que insisten, cuando cuestiones políticas fundamentales se encuentran en juego, en que la doctrina que ellos defienden es la verdadera mientras que las otras son falsas, aparecen frente a los otros simplemente como insistiendo en sus propias creencias cuando tienen el poder político para hacerlo. Por supuesto, aquellos que insisten en afirmar sus creencias también insisten en que sólo éstas son verdaderas: imponen sus creencias no porque sean *sus* creencias sino porque son verdaderas. Pero esa pretensión no puede ser justificada (*be made good*) de forma general frente al resto de los ciudadanos" (Rawls 1993: 61).

aun cuando no haya variaciones en la evidencia de la que se dispone en su favor. Si las creencias son contextuales no hay nada contraintuitivo en el hecho de que un sujeto crea en su doctrina comprensiva en foros no políticos, pero deba dejar de afirmar esa creencia en foros de toma de decisión democrática.

Ahora bien, los problemas de esta estrategia son claros: supone entablar un debate filosófico en el que se rechazan tesis que gozan de significativo apoyo tanto en epistemología como en el sentido común. La apelación a la distinción entre creencia y aceptación, involucrada en el argumento que estamos proponiendo, permite eludir esta confrontación filosófica. Dicha distinción es compatible con el evidencialismo y con los seis rasgos atribuidos al inicio de esta sección a la noción de creencia y no supone un cuestionamiento de CEE ni una afirmación de CBC. Decir que la justificación moral de ciertas acciones en foros de toma de decisión política depende de actos de aceptación y no meramente de la combinación entre deseos o metas compartidos y creencias epistémicamente justificadas no implica tomar posición alguna acerca del modo en que deba caracterizarse el concepto de justificación epistémica o el de creencia.

Es importante hacer un comentario adicional. La versión del liberalismo político que estoy defendiendo no afirma la tesis de que un sujeto pueda estar justificado a *creer* que *p* en un contexto y no en otro, como parecen sostener Rawls y, al apelar a CBC, también Larmore. El argumento propuesto intenta probar que aun aceptando que un sujeto pueda disponer de *creencias* comprehensivas epistémicamente justificadas que combina en forma plausible con deseos o metas compartidos por todos los miembros de la sociedad, habrá fallado en *justificar* moralmente la implementación de propuestas políticas basadas exclusivamente en tales premisas. La falla no está en justificar creencias públicamente, sino en justificar, desde una perspectiva *moral*, la realización de *acciones* basadas en una combinación de creencias justificadas desde una perspectiva epistémica y deseos o metas pertinentes (dado que esas dos premisas no son suficientes para justificar la realización de acciones en contextos con los rasgos que caracterizan al político).

Podría objetarse que la apelación a la distinción entre creencia y aceptación es, igualmente, una tesis filosófica demasiado controvertida. En tal sentido, puede responderse que aunque se reconozca que es una distinción correcta y esclarecedora desde un punto de vista teórico, el argumento no depende de ella. Según vimos, el modelo de justificación moral de las acciones presupuesto por la tradición dominante fracasa porque no apela meramente a una combinación entre deseos o metas compartidos por todos los miembros de la comunidad y creencias epistémicamente justificadas (comprehensivas y fácticas), sino que introduce tercer elemento: o bien 1) la afirmación de que un sujeto está autorizado a decidir que vale la pena correr el riego de que los afectados por su acción sufran un daño severo y probablemente irreparable, o bien 2) la afirmación de que está autorizado a proceder como si el riesgo de error y daño no existiera. Si tomamos a estas dos afirmaciones simplemente como creencias el resultado es el mismo que si las interpretamos como actos de aceptación. La creencias 1) y 2) son incompatibles con el reconocimiento de la existencia de una probabilidad significativa de error, del hecho de que las consecuencias del error serían de una extrema gravedad para los afectados y de la relevancia moral que cobra esa probabilidad de error, por pequeña que sea, en un contexto semejante. No hay bases epistémicas para excluir la existencia de una probabilidad significativa de error ni para negar las graves consecuencias que tendría el error en esas circunstancias. Tampoco hay bases morales, aceptada la igual dignidad de las personas, para reconocer que un sujeto pueda tener el derecho de decidir por los otros, sin bases epistémicas, es decir, por un puro acto de voluntad, que éstos deberían correr ciertos riesgos que se oponen a afrontar o para actuar como si no existieran. Las creencias 1) y 2) no son creencias justificadas ni desde una perspectiva epistémica ni desde una perspectiva moral. Como consecuencia de ello, debe concluirse que el modelo tradicional de justificación moral de acciones pierde toda fuerza normativa en el contexto político de una sociedad pluralista. Incluso aceptando que el razonamiento del agente es consistente y toma como punto de partida deseos o metas efectivamente compartidos por todos los afectados y creencias comprehensivas epistémicamente justificadas, su decisión de actuar depende de una premisa adicional que no tiene fuerza justificatoria. Ello se debe a que dicha premisa adicional no está conformada por creencias justificadas, basadas en evidencias objetivas e imparciales, sino por proposiciones cuya afirmación es meramente una expresión de su voluntad (lo que implica que no son creencias genuinas). En esas condiciones el sujeto viola el compromiso moral fundamental de justificar sus acciones frente a los afectados sobre la base de buenas razones, para intentar imponer, unilateralmente, su voluntad sobre ellos o para arrogarse un derecho especial a decidir sobre sus vidas, incompatible con los ideales igualitarios más básicos.

La situación cambia radicalmente cuando RDR es tomada como guía de las deliberaciones políticas. En ese caso los ciudadanos deben poner entre paréntesis sus desacuerdos religiosos, filosóficos y morales más profundos y retroceder a un trasfondo compartido de creencias y modos de razonar que les permita ofrecer justificaciones de sus propuestas políticas que resulten, en la práctica, aceptables para todos. Dar ese paso no garantiza en forma infalible que las normas políticas que surjan del proceso deliberativo sean correctas ni que la gravedad del daño sufrido por los afectados en caso de error sea poco significativa. La existencia de una probabilidad no trivial de error y el hecho de que su costo para el bienestar de los ciudadanos sea siempre muy alto cuando se trata de políticas que afectan cuestiones de justicia básica o esencias constitucionales parecen aspectos ineliminables de la acción del Estado. Un diálogo político guiado por RDR tampoco garantiza que su resultado sea un consenso unánime en torno de una única propuesta política. Es necesario reconocer que en la arena pública convivirán y competirán distintas concepciones políticas de la justicia liberales (véase Rawls 1993: 143). Incluso los ciudadanos que suscriben una misma concepción pueden disentir en la interpretación de sus implicaciones frente a cuestiones particulares. Sin embargo, acatar RDR exige que las decisiones que finalmente se impongan como resultado del proceso democrático estén basadas en creencias que todos los ciudadanos reconozcan como epistémicamente justificadas y en modos de razonar cuya corrección sea también reconocida en forma generalizada. Si esto es así, no parece tener ningún sentido afirmar que la propuesta política escogida por la mayoría representa meramente la expresión de la voluntad unilateral de un grupo: ¿cómo podría un ciudadano afirmar eso y a la vez reconocer que dicha propuesta posee el respaldo de creencias epistémicamente justificadas y formas correctas de razonar? Por otra parte, al acatar el suscribir RDR como guía de la deliberación política, cada ciudadano se impone a sí mismo el deber de participar de un proceso de diálogo en que tendrá que sacrificar parte de lo que considera, a la luz de su doctrina comprensiva, la verdad total o global acerca del bien humano; después de todo, su meta es elaborar propuestas políticas cuya justificación resulte aceptable para ciudadanos que suscriben doctrinas comprehensivas incompatibles con la suya. La decisión de acatar RDR, dado su significativo costo moral y cognitivo, no tendría sentido alguno si no implicara también la de aceptar correr los riesgos asociados con la implementación, por parte del Estado, de los resultados de la deliberación pública.

Conclusión

La fuerza del modelo tradicional de justificación moral de acciones, presupuesto por la concepción dominante en la filosofía política occidental, radica en que el sujeto que se propone justificar sus propuestas políticas frente a los afectados de su futura implementación apela a una interpretación plausible de las consecuencias prácticas de deseos o metas que todos suscriben, sobre la base de creencias —doctrinas comprehensivas religiosas, filosóficas o morales y de orden fáctico— epistémicamente justificadas. Nadie puede objetar, si se admite que el sujeto satisface los requisitos mencionados, que dicho agente está tratando de imponer meramente sus intereses egoístas o parciales, que intenta imponer su voluntad o sus decisiones unilaterales sobre los demás. Si apoya su interpretación de los deseos o las metas compartidos en creencias que tiene buenas razones, objetivas e imparciales, para considerar verdaderas o, en algún sentido, correctas, no tiene sentido una objeción semejante. Sin embargo, el argumento propuesto muestra que dicha objeción sí tiene sentido aun aceptando que el agente efectivamente ha propuesto una interpretación plausible de las consecuencias prácticas de deseos o metas compartidos por todos, sobre la base de creencias epistémicamente justificadas. Ello, como vimos, se debe a que la pretensión de que una propuesta basada en doctrinas comprehensivas que son rechazadas por un número significativo de los afectados, en contextos políticos como el descrito —donde hay una probabilidad significativa de error y su costo es dramáticamente alto—, no puede justificarse sino apelando a un acto de aceptación que cancela la posibilidad de error y de daño subsecuente o a creencias epistémicamente injustificadas que tienen las mismas consecuencias. En cualquier caso, en esas condiciones la decisión del agente depende, en última instancia, de su voluntad unilateral y no de razones imparciales y objetivas. Ese proceder, el intento de imponer unilateralmente su voluntad sobre la de los otros, equivaldría a negar el reconocimiento de su igual dignidad. El hecho de que el triunfo de la voluntad de un conjunto de sujetos sobre la de otros respete procedimientos democráticos no hace que el resultado posea la legitimidad moral que aspira a satisfacer el modelo tradicional de justificación, a lo sumo vuelve legítimas las decisiones tomadas desde una perspectiva descriptiva de tipo weberiano. Dichas decisiones pueden ser legítimas o ajustadas a las normas jurídicas positivas que regulan el proceso político en una sociedad determinada, pero resultan incompatibles con los fundamentos morales más básicos en los que se apoya el valor de un sistema político democrático: el respeto de la igual dignidad de las personas. Aceptar la demanda del liberalismo político, según la cual la justificación de las políticas fundamentales del Estado requiere retroceder o construir en el proceso de diálogo político una base compartida de creencias y modos de razonar, restituye la fuerza justificatoria de los procedimientos de toma de decisión democrática y su legitimidad, concebida desde una perspectiva moral.

Bibliografía y referencias

Barry, B. (1995). *Justice as Impartiality*. New York: Oxford University Press.

BonJour, L. (1985). *The Structure of Empirical Knowledge*. Cambridge Mass.: Harvard University Press.

Bratman, M. (1992). Practical Reasoning and Acceptance in a Context. *Mind* 101, pp. 1-16.

Cohen, J. (2009). Truth and Public Reason. *Philosophy & Public Affairs* 37 (1), pp. 2-42.

Cohen, L. J. (1992). *An Essay on Belief and Acceptance*. Oxford: Clarendon Press.

Cohen, S. (1999). Contextualism, Skepticism , and the structure of Reasons. *Philosophical Perspectives 13: Epistemology*, pp. 57-89.

DeRose, K., (1992). Contextualism and Knowledge Attributions. *Philosophy and Phenomenological Research* 52 (4), pp. 913-929.

Engel, P. (2000). *Beliving and Accepting*. Dordrecht:Kluwer.

Engel, P. (1998). Believing, Holding True, and Accepting. *Philosophical Explorations* I (2), pp. 143-144.

Estlund, R. (2008). *Democratic Authority*. Princeton: Princeton University Press.

Fantl, J. y McGrath, M. (2009). *Knowledge in an Uncertain World*. Oxford: Oxford University Press.

Fantl, J. y McGrath, M. (2007). On Pragmatic Encroachment in Epistemology. *Philosophy and Phenomenological Research* LXXV (3), pp. 558-589.

Fantl, J. y McGrath, M. (2002). Evidence, Pragmatics and Justification. *Philosophical review* 111, pp. 69-94.

Galston, W. (1991). *Liberal Purposes*. New York : Cambridge University Press.

Larmore, Ch. (2008). *The Autonomy of Morality*. Cambridge Mass: Cambridge University Press.

Larmore, Ch. (1996). *The Morals of Modernity*. Cambridge Mass.: Cambridge University Press.

Larmore, Ch. (1990). Political Liberalism. *Political Theory* 18 (3), pp. 339-360.

Larmore, Ch. (1987). *Patterns of Moral Complexity*. Cambridge Mass.: Cambridge University Press.

McCabe, D. (2000). Knowing about the Good: A problem with Antiperfectionism. *Ethics* 110, pp. 311-338

Nozick, R. (1995). *The nature of rationality*. Princeton: Princeton University Press.

Rawls, J., (2001). *Justice as Fairness: A Restatement*. Cambridge Mass: Cambridge University Press.

Rawls, J. (1999). *Collected Papers*, Samuel Freeman Ed., Cambridge, Mass.: Harvard University Press.

Rawls, J. (1993). *Political Liberalism*. New York: Columbia University Press.

Rawls, J. (1971). *A Theory of Justice*. Cambridge Mass: The Belknap Press of Harvard University Press.

Raz, J., (1990). Facing Diversity: The case of Epistemic Abstinence. *Philosophy & Public Affairs* 19, pp. 3-46.

Seglow, J. (2003). Neutrality and Equal Respect: On Charles Larmore's Theory of Political Liberalism. *The Journal of Value Inquiry* 37 (1), pp. 83-96.

Shah, N. (2003). How Truth governs Belief. *The Philosopical Review* 112, pp. 447-482.

Shah N. y Valleman, D. (2005). Doxastic Deliberation. *The Philosopical Review* 114 (2005), pp. 497-534.

Stalnaker, R. (1984). *Inquiry*. Cambridge, Mass: The MIT Press.

Stanley, J. (2005). *Knowledge and Practical Interests*. Oxford: Oxford University Press.

Talisse, R. (2009). *Democracy and Moral Conflict*. Cambridge: Cambridge University Press.

Tuomela, R. (2000). Belief versus Acceptance. *Philosophical Explorations* 2, pp. 22-157.

Valleman, D. (2000). *The possibility of practical reason*. Oxford: Clarendon Press.

Van Fraassen, B. (1980). *The scientific image*. Oxford: Oxford University Press.

SEGUNDA PARTE

LA DEMOCRACIA, LOS DERECHOS HUMANOS Y LA GOBERNANZA GLOBAL

Capítulo IV

Responsabilidad, inclusión y gobernanza global: una crítica de la concepción estatista de los derechos humanos[1]

Cristina Lafont

Prácticamente todos los filósofos políticos coinciden en que la democracia es superior a cualquier otro sistema político a nivel nacional. Por eso puede sorprender que pocos teóricos recomienden la democracia como un modelo adecuado a nivel global. Sin embargo, sería un error inferir de ahí que hay alguna característica de la democracia que los detractores del ideal de una democracia global rechazan. Lo que la mayoría de estos detractores encuentra objetable es la idea de un único sistema político con un gobierno mundial. Ni que decir tiene que aún les parecería más objetable si se tratase de un gobierno no democrático, totalitario. De hecho, lo que estos autores temen es que un Estado mundial se convertiría inevitablemente en un Estado totalitario debido a su extraordinaria acumulación de poder, aun si se tratase formalmente de un Estado democrático. Ahora bien, incluso si se acepta que un Estado mundial no es deseable, podría haber ciertos rasgos de la democracia que, convenientemente adaptados, podrían aplicarse a instituciones globales. La democratización transnacional podría llevarse a cabo sin un gobierno mundial. Concebida de este modo más modesto, la aspi-

[1] La traducción del original inglés ha sido realizada por José Luis López de Lizaga. Agradezco a los participantes en el Congreso sobre Democracia Deliberativa y Justicia Global (Fráncfort, Alemania) y en el *Workshop* sobre Democracia Global (Prato, Italia) por sus estimulantes preguntas y comentarios sobre versiones anteriores de este ensayo.

ración a la democracia global parece hallarse bastante extendida en la literatura sobre gobernanza global. Al menos la queja de que las actuales estructuras de gobernanza global carecen de legitimidad democrática está muy extendida, lo cual sugiere que algún tipo de democratización a nivel transnacional sería deseable. A continuación quisiera explorar esta posibilidad. En particular, voy a centrarme en el ideal democrático de inclusión, a fin de examinar hasta qué punto ofrece un objetivo apropiado para mejorar la legitimidad de las instituciones globales en ausencia de un Estado mundial.

La democracia puede definirse básicamente como la autorización colectiva de leyes y medidas políticas por todos aquellos sujetos a las mismas. Esta definición implica dos aspectos de la exigencia de inclusión política. Un primer aspecto concierne a la *soberanía*, es decir, a la cuestión de quién toma las decisiones en el sistema político. El ideal democrático de inclusión en los procesos de decisión política se expresa normalmente como el ideal de soberanía popular: en una democracia, aquellos que están sometidos a la ley son al mismo tiempo sus autores. Ahora bien, en las democracias representativas el ideal de soberanía popular queda reducido típicamente a la soberanía electoral: los ciudadanos delegan en sus representantes oficiales la mayor parte de las decisiones acerca de leyes y medidas concretas, pero mantienen el poder político de elegir a sus representantes y, en casos especiales, pueden decidir directamente algunas leyes o medidas políticas importantes mediante referendos populares. El requisito de que los ciudadanos tengan la última palabra en algunas decisiones políticas importantes es *la* diferencia esencial entre la democracia y las formas no democráticas de organización política. Dicho requisito encuentra expresión institucional en los derechos políticos de participación en los procesos de toma de decisiones que se extienden a todos los ciudadanos adultos.

Ahora bien, si *todos* los ciudadanos tuviesen la última palabra en *todas* las decisiones políticas a las que están sujetos, la soberanía sería la única dimensión del ideal democrático de inclusión política. Pero precisamente en las democracias representativas, en las que los ciudadanos delegan en sus representantes la mayor parte de las decisiones políticas, la exigencia democrática de inclusión política impone constricciones normativas no sólo en relación con la *soberanía* de los ciudadanos, sino también en relación con la *responsabilidad* de sus representantes. De acuerdo con el ideal democrático, éstos están obligados a responder de sus decisiones políticas ante todos aquellos que están sometidos a ellas.[2] Si interpretamos la responsabilidad política en términos del modelo representado-representante [*principal-agent*], el rasgo específico de la responsabilidad política democrática (a diferencia de otros tipos de responsabilidad)[3] consiste en que todos aquellos que están sujetos a las decisiones políticas del agente representante deben ser *reconocidos* como sus representados. Como sucede con la concepción democrática de la soberanía, aquí también la clave es el requisito de inclusión política, es decir, la congruencia requerida entre los responsables de tomar decisiones políticas y todos los que están sometidos a las mismas. La diferencia obvia es que mientras que la *soberanía* democrática requiere que todos los que han de acatar las decisiones estén incluidos en el proceso mismo de toma de decisión, la *responsabilidad* democrática sólo requiere que los que toman las decisiones actúen como representantes de *todos los que tienen que acatarlas* y, por tanto, *tengan en cuenta los intereses de todos ellos en la toma de decisiones*.

Debido a esas dos dimensiones del ideal democrático de inclusión, el término "responsabilidad democrática" [*democratic accountability*] puede entenderse en varios sentidos. Entendido como respuesta a la pregunta *ante quién son responsables los representantes políticos*, el término indica el requerimiento democrático de que los representantes den cuenta de

[2] En el contexto de esta argumentación interpretaré la responsabilidad política en términos del modelo representado-representante [*principal-agent*]. Tal como lo define Keohane, "una relación de responsabilidad política es una relación en la que un individuo, grupo u otra entidad exige que un agente informe de sus actividades y tiene la capacidad de imponer sanciones al agente. Hablamos de una relación de responsabilidad autorizada o institucionalizada cuando la exigencia de informar y el derecho de sancionar son comprendidos y aceptados por ambas partes" (2003: 139). Dado que aquí me interesa en concreto el grado de inclusión presente en las estructuras de responsabilidad de las instituciones globales, el modelo de representado-representante es muy útil para mi análisis. Sin embargo, no quiero sugerir con ello que el modelo de responsabilidad de representado-representante es o tenga que ser necesariamente el único modelo, o el más adecuado, cuando se reflexiona sobre las estructuras emergentes de gobernanza global. Para un interesante análisis de las dificultades de aplicación a escala global del modelo tradicional de representado-representante, véase Cohen y Sabel (2005).

[3] Por ejemplo, responsabilidad jerárquica y supervisora, responsabilidad legal, responsabilidad basada en la reputación o responsabilidad ante el mercado. Para una discusión detallada de diversos tipos de responsabilidad, véase Kehoane y Nye (2003).

sus decisiones *ante todos los que están sujetos a las mismas*. Sin embargo, este término puede entenderse también como respuesta a una pregunta diferente, a saber, *mediante qué procedimientos puede garantizarse dicha responsabilidad*. En este segundo sentido, el término se entendería como sinónimo de lo que habitualmente se denomina "responsabilidad electoral" [*electoral accountability*] y se referiría específicamente al requerimiento democrático de garantizar la responsabilidad de los representantes ante todos los que han de acatar sus decisiones mediante el poder que éstos últimos tienen de destituirles o reemplazarles en elecciones democráticas periódicas. Si entendemos el término en este segundo sentido, "responsabilidad democrática" incluye soberanía electoral. Sin embargo, si lo entendemos en el primer sentido, la responsabilidad electoral es un tipo de responsabilidad democrática pero no el único posible. En las democracias constitucionales hay otros mecanismos, además de las elecciones, para garantizar la responsabilidad de los representantes ante todos aquellos que han de acatar sus decisiones. Dado que aquí no voy a analizar la dimensión de soberanía del principio de inclusión, voy a utilizar a partir de ahora el término "responsabilidad inclusiva" en vez de "responsabilidad democrática" para evitar toda confusión con la noción de responsabilidad electoral.

Obvia decir que ni el requisito fuerte de responsabilidad electoral ni el requisito más débil de responsabilidad inclusiva son satisfechos en prácticamente ninguna sociedad democrática existente en la actualidad, pues en la mayoría de ellas hay muchos individuos que, por no ser ciudadanos, están enteramente excluidos del proceso político y, sin embargo, están sujetos a las decisiones resultantes de dicho proceso. Con todo, el desajuste a nivel nacional entre quienes toman las decisiones y quienes tienen que acatarlas palidece en comparación con ese mismo desajuste a nivel global, en el que me centraré a continuación.

No es necesario un análisis exhaustivo para convenir en que ninguno de los dos requisitos de legitimidad democrática es satisfecho por las instituciones de gobernanza global actuales. El más obvio de estos incumplimientos es, por supuesto, la carencia de soberanía electoral de todos los que están sometidos a las decisiones de instituciones globales. Pero debo confesar que, desgraciadamente, no veo cómo las actuales instituciones de gobernanza global podrían transformarse en instituciones participativas globales sin tener que establecer un sistema político único con un gobierno mundial. Dado que, en mi opinión, la soberanía electoral es un rasgo crucial de la democracia, celebraría sin duda cualquier propuesta institucional que indicara cómo democratizar las actuales instituciones de gobernanza global de modo que se *otorgue la última palabra en algunas decisiones importantes a todos aquellos que están sujetos a las mismas*, sin establecer para ello un único sistema político a nivel global[4]. Pero dejando abierta de momento la cuestión de la soberanía electoral, quisiera centrarme a continuación en el requisito de inclusión, inherente a la concepción democrática de la responsabilidad política.

Aunque existe un amplio consenso acerca del déficit de responsabilidad democrática de las actuales instituciones de gobernanza global (tales como la ONU, el FMI, la OMC o el Banco Mundial), hay mucho menos acuerdo acerca del remedio apropiado para subsanar dicha carencia. De hecho, la propuesta de aplicar criterios intraestatales de responsabilidad democrática a las instituciones globales no sólo encuentra oposición entre quienes cuestionan su viabilidad,[5] sino incluso entre quienes cuestionan directamente su deseabilidad, a la luz del coste potencial que dicha aplicación supondría en términos de otras cualidades y metas valiosas de las instituciones implicadas.[6] Sin embargo, la inclusión es un aspecto de la responsabilidad democrática cuya deseabilidad parece difícilmente cuestionable. El principio normativo según el cual los que toman las decisiones políticas deben responder ante quienes las han de acatar, por

---

[4] Hay muchas propuestas en esta dirección, por ejemplo el uso de referendos que se extiendan transversalmente a varias naciones, sea a nivel regional o global, cuando esté en juego la implementación de regulaciones globales controvertidas. Véase Held 2004b: 385. No está claro, sin embargo, cómo podrían implementarse adecuadamente dichas propuestas sin una única estructura política jerárquica.

[5] Puede encontrarse un ejemplo en Dahl 1999.

[6] Los dilemas relevantes aquí no son muy diferentes de los que existen a nivel nacional. Aumentar la publicidad y la transparencia de los procesos de decisión e incrementar el acceso público a la información puede perjudicar la capacidad de la institución de tomar las decisiones más eficaces, o puede conducir a la polarización y exacerbar la inestabilidad. Usar reglas de consenso en el proceso de decisión puede conducir a la inacción y a conceder una influencia excesiva a países pequeños, mientras que su sustitución por la regla de la mayoría puede marginar a los países pequeños y silenciar asuntos importantes, etc. Para un análisis detallado de algunos de estos dilemas en relación con las instituciones financieras globales, véase Kahler (2004).

usar la formulación de Held,[7] parece tan válido a nivel transnacional como a nivel nacional. Ahora bien, lo que parece cuestionable, y de hecho ha sido cuestionado, es si una responsabilidad inclusiva puede lograrse a nivel global sin un Estado mundial. Y aquí las razones que se aducen no son tanto empíricas cuanto más bien conceptuales. Dejando de lado la cuestión empírica de la viabilidad, desde un punto de vista puramente normativo parece que si queremos mantener la división del espacio político por Estados, tenemos que mantener la correspondiente división de los representados [*principals*] por Estados. Si éste es el caso, sería una confusión conceptual querer mantener la importancia normativa de los Estados y, al mismo tiempo, exigir una responsabilidad inclusiva a nivel global.

A continuación quisiera argumentar a favor de una posible salida a este dilema conceptual. Mis pretensiones, sin embargo, son bastante modestas. No aspiro a proporcionar ninguna solución a las difíciles cuestiones de implementación que acompañan a toda propuesta de reforma institucional. Mi argumentación no es un intento de enmendar todos los déficits de legitimidad democrática de las instituciones globales actuales.[8] Sólo pretendo mostrar que no hay nada conceptualmente problemáti-

---

[7] Adopto la terminología de Held para referirme a lo que él llama "el principio de inclusividad" o "el principio de equivalencia entre el que toma las decisiones y el afectado por ellas" (véase Held 2004: 13, 103). Sin embargo, en este artículo me centro exclusivamente en la dimensión de la responsabilidad y no abordo la dimensión de la soberanía del principio de inclusión. Held no distingue explícitamente estas dos dimensiones, y a veces emplea el principio de un modo que implica soberanía, por ejemplo cuando afirma que, de acuerdo con el principio, quienes deben acatar las decisiones tienen que "tener voz" en el proceso de decisión. Si por "tener voz" se quiere decir que quienes acatan las decisiones deberían tener también la capacidad de tomar algunas de dichas decisiones, entonces se trata de un principio de responsabilidad más fuerte que aquel al que yo me estoy refiriendo aquí, ya que incluye cierta exigencia de soberanía. En el sentido, más débil, en que aquí empleo yo el principio, la responsabilidad inclusiva no requiere que quienes deben acatar las decisiones "tengan voz" en el proceso de decisión, sino únicamente que sus intereses y derechos sean tenidos en cuenta por aquellos que toman las decisiones; o, por decirlo con la formulación de la norma de inclusión que proponen Cohen y Sabel, el principio requiere que en el proceso de decisión esos intereses y derechos no se traten "como si no contaran en absoluto, más allá del mínimo humanitario debido incluso en ausencia de toda cooperación." (Cohen y Sabel 2006: 154).

[8] El objetivo de mi argumento es bastante limitado, entre otras cosas porque se centra exclusivamente en la dimensión de responsabilidad del principio de inclusión, y no aborda ninguna de las importantes cuestiones relativas a la dimensión de soberanía

co en considerar que las instituciones globales deben ser responsables ante todos aquellos que han de acatar sus decisiones al tiempo que los miembros de dichas instituciones, en tanto que representantes de sus respectivos Estados, mantienen responsabilidades especiales hacia los ciudadanos de sus propios países.

I. ¿Es posible una responsabilidad inclusiva sin un Estado mundial?

Como ya he dicho, una de las principales dificultades a que se enfrentan las estructuras emergentes de gobernanza global es la falta de congruencia entre quienes toman las decisiones y quienes han de acatarlas.[9] Este desajuste genera un tipo muy especial de déficit de respon-

---

(por ejemplo, cómo lograr una representación igualitaria entre los miembros de las instituciones globales, qué reglas de decisión deberían seguir, etc.).

[9] Para un excelente análisis de este problema, véase Keohane 2003. En general, estoy muy de acuerdo con dicho análisis. Ciertamente comparto la opinión de Keohane cuando afirma que, entre todas las carencias de responsabilidad que encontramos actualmente en las instituciones globales, "los problemas normativos más serios surgen en relación con lo que llamo la responsabilidad externa: la responsabilidad hacia personas que quedan fuera de la entidad y cuyas vidas se ven afectadas por ésta." (2003: 141). Sin embargo, encuentro que esta distinción entre la responsabilidad interna y externa es problemática a la luz de la propuesta que quiero defender aquí. De acuerdo con esta distinción, hablamos de "responsabilidad interna" cuando el representado y el agente están "vinculados institucionalmente", ya sea porque el representado provee de recursos al agente, ya porque ha autorizado directamente al agente a actuar en su nombre. Un ejemplo paradigmático de este tipo de relación de responsabilidad es la relación que existe entre los ciudadanos y sus representantes en las instituciones globales. Por el contrario, la "responsabilidad externa" se da en ausencia de toda conexión institucional entre el agente y lo que Keohane llama, por este motivo, "representados supuestos" [*would-be principals*]. Esta responsabilidad se mantiene en virtud del hecho de que éstos se ven afectados por las decisiones de aquellos. Keohane pone como ejemplo la relación entre el Banco Mundial y los granjeros africanos afectados por las medidas del Banco. El problema principal de esta distinción es que cualquier propuesta que apunte a establecer un vínculo institucional entre los afectados por las decisiones globales y los agentes que toman esas decisiones no parece poder acomodarse en ninguna de las dos categorías. En la medida en que dicho vínculo se basaría meramente en el impacto de las decisiones (y no en la autorización o los recursos), caería bajo la categoría de "responsabilidad externa" de Keohane; pero en la medida en que se institucionalizaría en el interior de las agencias en cuestión, caería también bajo la categoría de "responsabilidad interna". La ironía que subyace a esta dificultad de la distinción de Keohane consiste

sabilidad política. El problema no es que quienes toman las decisiones pueden eludir fácilmente su responsabilidad cuando los que han de acatarlas no tienen ninguna voz en el proceso de decisión. El problema específico a nivel global es que ni siquiera se supone que quienes toman las decisiones han de responder ante todos los que han de acatarlas. Los países poderosos pueden imponer regulaciones económicas globales con consecuencias devastadoras para muchos de los que han de acatarlas, y esto sucede no porque los delegados de esos países en las instituciones financieras internacionales eluden su responsabilidad política, sino precisamente porque actúan en nombre de dicha responsabilidad.[10] Dado que, se supone, los delegados son responsables ante los ciudadanos de sus propios países tanto para decisiones nacionales como transnacionales, no es de extrañar que se consideren sujetos a la obligación de proteger y promover los intereses y los derechos de sus propios ciudadanos, y no los de todos aquellos que han de acatar sus decisiones. Por consiguiente, reforzar la responsabilidad política de los delegados ante los ciudadanos de sus propios países sólo puede empeorar el problema, en lugar de mejorarlo. A falta de algún rasgo institucional destinado a corregir la fragmentación entre los diversos (y sumamente desiguales) representados, no hay razón alguna para esperar que quienes toman las decisiones en las instituciones globales sean políticamente responsables ante todos aquellos que tienen que acatar dichas decisiones.[11]

A la luz de este desajuste estructural, muchos autores concluyen que sólo en el marco de un Estado mundial sería posible establecer una responsabilidad inclusiva a nivel global. Los representantes en ese Estado mundial serían responsables ante todos los ciudadanos del mundo, que conformarían así una única parte representada. Como sucede a menudo,

---

en que, si bien este autor es muy consciente de la importancia normativa de hacer que las instituciones de gobernanza global respondan ante todos aquellos que se ven afectados por sus decisiones, su distinción no parece dejar espacio para la posibilidad de *establecer mecanismos institucionales* para alcanzar ese objetivo.

[10] Para una dramática ilustración de este problema véase nota 39.

[11] Dejo de lado los obvios problemas adicionales que surgen del hecho de que los representados más próximos a los delegados en las instituciones financieras globales son los gobiernos, y que su agenda política y su percepción del interés nacional a menudo difieren de las que tienen sus ciudadanos. Así sucede especialmente (aunque no exclusivamente) en el caso de los gobiernos de países que no tienen estructuras democráticas de responsabilidad política.

el acuerdo en torno a esta conclusión está abierto a la usual alternativa argumentativa entre el *modus ponens* y el *modus tollens*, de modo que algunos autores ofrecen este argumento para sostener que la democracia transnacional necesita un Estado mundial,[12] mientras que otros lo ven como una refutación directa de la pretensiones cosmopolitas de justicia global que restan importancia normativa a los Estados. El artículo de Nagel "The Problem of Global Justice" ofrece un claro ejemplo de esta última estrategia. Nagel caracteriza del modo siguiente la dificultad estructural que está aquí en juego:

> Creo que las nuevas formas de gobernanza global comparten con las anteriores una relación marcadamente indirecta con los ciudadanos individuales, y esto es moralmente importante. Todas estas redes institucionales reúnen a representantes de funciones e instituciones del Estado, no a representantes de individuos. Esas instituciones son *responsables ante sus propios ciudadanos* y quizás tienen una función importante en el sustento de la justicia social para esos ciudadanos. Pero una red global o regional no tiene una responsabilidad similar de lograr la justicia social para *el conjunto de las ciudadanías de todos los Estados implicados*, una responsabilidad que, *si existiese, tendrían que ejercer colectivamente los representantes de los Estados miembros* (Nagel 2005: 139-140; el subrayado es mío).[13]

La afirmación contrafáctica de Nagel subraya el dilema normativo: o bien los Estados y sus representantes tienen la responsabilidad de proteger los intereses y derechos de sus propios ciudadanos, o bien se necesita un Estado mundial cuyos representantes tendrían la responsabilidad colectiva de proteger los intereses y los derechos de todos los

---

[12] Un ejemplo de esta línea de argumentación puede encontrarse en Schmalz-Bruns 2007.

[13] El argumento de Nagel en este pasaje aborda dos cuestiones a la vez. Una es la cuestión de la "inclusión", es decir, la cuestión de si las instituciones globales tienen responsabilidades hacia todos los ciudadanos del mundo, a pesar de que sus miembros tienen responsabilidades especiales únicamente con los ciudadanos de los países a los que representan. La otra es la cuestión del "contenido" de esas responsabilidades, es decir, la cuestión de si las responsabilidades de las instituciones globales hacia los ciudadanos del mundo son tan fuertes como las responsabilidades de justicia social que las instituciones nacionales tienen hacia sus propios ciudadanos. En este artículo me centro únicamente en la primera cuestión, pero en la última sección indico muy brevemente cómo se relaciona la propuesta que defiendo aquí con las afirmaciones de Nagel acerca de la segunda cuestión.

ciudadanos del mundo por igual. Lo que no es posible es preservar la asignación de responsabilidad a los Estados y simultáneamente reclamar una responsabilidad inclusiva de instituciones globales cuyos participantes representan a Estados nacionales, y no a ciudadanos del mundo. El problema no es la discrepancia habitual entre expectativas normativas y las realidades de la política de poder, sino el conflicto directo entre las expectativas normativas mismas. Como ya hemos mencionado, la objeción no es empírica, sino conceptual.

Dado que la alternativa de un Estado mundial no me parece atractiva, me parece más prometedor investigar en detalle el alcance preciso y el significado exacto de la asignación a los Estados de la responsabilidad de proteger los intereses y los derechos de sus ciudadanos. Esta asignación forma parte de la concepción dominante de las obligaciones derivadas de los derechos humanos, según la cual los Estados tienen la responsabilidad fundamental de proteger los derechos humanos de sus propios ciudadanos. A pesar de la prevalencia de esta concepción, vale la pena examinar sus credenciales normativas, pues la fragmentación de los representados, que hace parecer incoherente la expectativa de una responsabilidad inclusiva sin un Estado mundial, es una consecuencia directa de la asignación de responsabilidades centrada en el Estado que caracteriza a dicha concepción. Anticipando la argumentación que desarrollaré a continuación, estoy de acuerdo con dos de las afirmaciones que conducen al dilema normativo señalado por Nagel. Estoy de acuerdo en que algunos supuestos de la concepción de los derechos humanos centrada en el Estado son incompatibles con la adscripción de responsabilidad inclusiva a las instituciones de gobernanza global, y estoy de acuerdo también en que la formación de un Estado mundial es el único modo de compatibilizar la responsabilidad inclusiva a nivel global con la concepción estatista de las obligaciones derivadas de los derechos humanos. Pero estas dos afirmaciones no constituyen un verdadero dilema, puesto que queda una alternativa bastante más atractiva. En lugar de resignarnos a aceptar un Estado mundial o renunciar a la exigencia de responsabilidad inclusiva a nivel global, parece mejor rechazar los supuestos problemáticos de la concepción de los derechos humanos centrada en el Estado.

II. Una crítica de la concepción de los derechos humanos centrada en el Estado[14]

En su libro *The Idea of Human Rights*, Charles Beitz ofrece una descripción paradigmática de la concepción de los derechos humanos centrada en el Estado que él defiende. Beitz explica:

> la idea central de los derechos humanos internacionales es que los Estados son responsables de satisfacer ciertas condiciones en el modo en que tratan a su propia población, y que el fracaso o el previsible fracaso de esta tarea puede justificar alguna forma de intervención correctiva o preventiva por parte de la comunidad internacional o de los agentes que actúan en su nombre (2009:13).

En consecuencia, la práctica de los derechos humanos "consiste en un conjunto de normas de regulación de la conducta de los gobiernos, y en una gama de acciones abierta a varios agentes para los que el hecho de que un gobierno no se atenga a esas normas proporciona razones"(2009: 44). De acuerdo, pues, con la concepción de los derechos humanos centrada en el Estado, los Estados tienen la responsabilidad fundamental de proteger y promover los derechos y los intereses de sus propios ciudadanos. La comunidad internacional tiene alguna responsabilidad en la protección de los derechos humanos, pero a diferencia de lo que sucede con los Estados, esta responsabilidad es secundaria (o residual),[15] y ello en dos sentidos. En primer lugar, la responsabilidad de la comunidad internacional es secundaria en el sentido de que sólo se activa cuando los Estados son remisos o incapaces de proteger los derechos de sus propios ciudadanos. En segundo lugar, la responsabilidad de la comunidad internacional es secundaria en el sentido de que no se espera que sustituya la función protectora de los Estados. A través de las diferentes instituciones que actúan en su nombre, la comunidad internacional puede proporcionar

---

[14] En lo que sigue debería quedar claro que mi propósito no es poner en cuestión la responsabilidad fundamental de los Estados en la protección de los derechos humanos de sus ciudadanos. Estoy completamente de acuerdo con la opinión de que debe recaer en los Estados la responsabilidad principal en esta materia. El aspecto de la concepción centrada en el Estado que me propongo cuestionar es la afirmación de que *sólo los Estados* tienen la responsabilidad de proteger los derechos humanos y, por tanto, los actores no estatales no tienen obligaciones en materia de derechos humanos.

[15] Véase Goodin 2003: 76 y ss.

asistencia (temporalmente) a los Estados, pero no se espera que ninguna de estas instituciones aporte el tipo de protección, títulos y servicios que los Estados proporcionan a sus ciudadanos. La función protectora de la comunidad internacional se limita a exigir responsabilidades a los Estados por el trato que dan a sus propios ciudadanos. Esta función se ejerce mediante diversos agentes internacionales y transnacionales, y mediante diversas medidas que incluyen la supervisión del cumplimiento por parte de los Estados de los estándares internacionales de derechos humanos, el ofrecimiento de incentivos económicos y de otros tipos para promover ese cumplimiento (por ejemplo, la ayuda internacional condicionada o el trato preferencial en las relaciones económicas) o el uso de medidas coercitivas tales como la amenaza de sanciones económicas o diplomáticas e incluso de intervención militar en casos de graves violaciones de los derechos humanos.

Aunque la concepción de los derechos humanos centrada en el Estado está ampliamente aceptada, tiene algunas consecuencias problemáticas. Un rasgo sorprendente de esta concepción es su llamativo silencio acerca de las obligaciones de actores no estatales (desde los individuos[16] a las corporaciones multinacionales[17] o las instituciones financieras internacionales como la OMC, el FMI o el Banco Mundial). Si en los Estados recae la responsabilidad primordial de proteger los derechos humanos de sus propios ciudadanos y la responsabilidad secundaria de la comunidad internacional se agota en exigir responsabilidad a los Estados por el trato que dan a sus ciudadanos, parece que los actores no estatales no tienen ninguna obligación de proteger los derechos humanos y, en consecuencia, la comunidad internacional no tiene la obligación de exi-

---

[16] La posibilidad de procesar a los líderes de grupos no estatales de rebeldes armados por las violaciones de derechos humanos, tales como el genocidio o la limpieza étnica, con independencia de todo reconocimiento de su estatus oficial como agentes de un Estado, es un ejemplo de la desconexión entre la concepción de los derechos humanos centrada en el Estado y la práctica actual en materia de derechos humanos. Sobre este asunto véase Clapham 2006: 271-316.

[17] La posibilidad de procesar a las corporaciones multinacionales en tribunales de Estados Unidos por violaciones de la legislación internacional de derechos humanos en virtud de la Ley de Reclamación por Agravios contra Extranjeros (ATCA) es otro ejemplo de la actual práctica de derechos humanos que no es posible explicar desde la concepción centrada en el Estado. Para una buena panorámica de las regulaciones internacionales que cubren las obligaciones de corporaciones multinacionales en materia de derechos humanos, véase Clapham 2006: 195-270 y también Alston 2005.

gir responsabilidades a dichos actores por el impacto de sus acciones o decisiones en la protección de los derechos humanos. Sin embargo, en las condiciones actuales de globalización es cada vez más evidente que las regulaciones económicas globales adoptadas por ciertos actores no estatales (como la OMC, el FMI o el Banco Mundial) pueden tener un tremendo impacto en la posibilidad de proteger los derechos humanos a escala mundial. Ahora bien, si éste es el caso, ¿no es poco plausible sostener que estas instituciones no tienen ninguna obligación en materia de derechos humanos? Y lo que es peor, ¿cómo puede la comunidad internacional responsabilizar a los Estados de las consecuencias de regulaciones globales que no está realmente en sus manos determinar? ¿No debería la comunidad internacional exigir responsabilidades a aquellos actores cuyas decisiones y acciones impiden la protección de los derechos humanos, tanto si son Estados como si no lo son, en lugar de exigir responsabilidades a los Estados por decisiones y acciones que no están bajo su control?

Es cierto que, de acuerdo con la concepción centrada en el Estado, cuando los Estados son incapaces de proteger los derechos humanos debido a factores externos, no se les considera responsables del mismo modo en que lo serían si fueran capaces de proporcionar esa protección, pero se negaran a hacerlo. En tales casos no serán sometidos a sanciones coercitivas, y en lugar de eso quizás reciban asistencia internacional. Pero el hecho de que no se considere a los Estados responsables de regulaciones y decisiones que escapan a su control difícilmente puede hacer que la concepción estatista sea normativamente convincente, si a los autores de dichas regulaciones y decisiones tampoco se les puede considerar responsables según dicha concepción. La imposibilidad de cubrir ese hiato de responsabilidad inherente a la concepción estatista conduce a resultados poco plausibles también en relación con las responsabilidades secundarias de la comunidad internacional. Si, por hipótesis, una regulación económica global impide la protección de los derechos humanos de los ciudadanos de algunos Estados, proporcionar asistencia a dichos Estados parece el remedio equivocado para adoptar por parte de la comunidad internacional. La respuesta apropiada sería atajar el problema de raíz, y cambiar la regulación problemática en cuestión. Pero esta respuesta, intuitivamente obvia, no puede acomodarse en la concepción estatista. Veamos por qué.

Podría parecer que, así como la concepción estatista puede reconocer que la responsabilidad secundaria de la comunidad internacional en relación con la protección de los derechos humanos está distribuida entre instituciones internacionales y transnacionales de muy diversa índole (agencias de derechos humanos de la ONU, Estados, ONGs, etc.), también puede reconocer que los remedios apropiados para cumplir correctamente con esta responsabilidad pueden ser muy diversos. Beitz ofrece un ejemplo de esta estrategia argumentativa en *The Idea of Human Rights*. Aunque defiende explícitamente una concepción de los derechos humanos centrada en el Estado, proporciona una lista de seis "paradigmas de implementación" o "aplicación" de los derechos humanos, mediante los cuales diversos agentes pueden intentar prevenir o remediar los fallos de los Estados en la protección de los derechos humanos. Uno de esos paradigmas incluye la posibilidad de cambiar una regulación global. Beitz denomina a este tipo de acción "adaptación externa", y explica del siguiente modo la diferencia crucial entre este tipo de acción y los otros cinco tipos paradigmáticos de implementación (que él denomina "responsabilidad", "incentivos", "asistencia", "oposición interna" y "coerción"):

> Los primeros cinco paradigmas consisten en mecanismos que apuntan a influir en el comportamiento de agentes domésticos [...]. Pero puede suceder que los obstáculos al cumplimiento de los derechos humanos por parte de un gobierno se encuentren en las políticas de otros Estados, actores multilaterales o regímenes internacionales, más bien que en su propia falta de recursos, capacidad o voluntad. Considérese, por ejemplo, las políticas comerciales que discriminan los productos agrícolas, o las leyes de propiedad intelectual en vigor en el derecho internacional que incrementan el coste de los productos farmacéuticos. Si fuese verdad que sin las adaptaciones de estas políticas "externas" un gobierno no estaría en condiciones de asegurar la protección de los derechos humanos de su propia población, entonces la reforma de estas políticas podría considerarse plausiblemente como un medio de "implementación" de los derechos humanos, aunque esto pueda parecer un uso abusivo del término. (Quizás parezca menos abusivo si recordamos el reconocimiento, contenido en la Declaración, de la necesidad de "un orden internacional [...] en el que los derechos humanos puedan realizarse plenamente"). En cualquier caso, está claro que las adaptaciones externas forman parte de los tipos de acción para los que a veces se buscan justificaciones cuando

se consideran cuestiones relacionadas con los derechos humanos (Beitz 2009: 39-40).

No es sorprendente que Beitz considere un uso lingüístico abusivo la inclusión de esta forma de acción como un modo de "implementar" la protección de los derechos humanos. A la luz de su descripción de la práctica de los derechos humanos como consistente "en un conjunto de normas para la regulación de la conducta de los gobiernos" (2009: 144), la inclusión de este tipo de acción resulta sumamente anómala. Como Beitz mismo señala, una clara diferencia entre este tipo de acción y los otros cinco estriba en que el objetivo de la misma no son los Estados afectados (es decir, sus gobiernos), sino actores no estatales. Desde la perspectiva de la concepción estatista de los derechos humanos es obvio por qué medidas que apuntan a influir en el comportamiento de los Estados son formas apropiadas por parte de la comunidad internacional de cumplir sus obligaciones (secundarias) en materia de derechos humanos, dado que, de acuerdo con esta concepción, la obligación de la comunidad internacional consiste en hacer que los Estados cumplan su obligación de proteger los derechos humanos de sus propios ciudadanos. Pero ¿cómo puede justificarse como un medio de "implementar" la protección de los derechos humanos una medida cuyo objetivo es influir en el comportamiento de un actor que no tiene la responsabilidad de proteger los derechos humanos? Más aún, ¿cómo podría emprender el actor no estatal la reforma de las regulaciones en cuestión en nombre de la implementación de los derechos humanos, sin reconocer y aceptar con ello la obligación de proteger los derechos humanos?[18]

---

[18] Precisamente debido a las amplias implicaciones de aceptar obligaciones en materia de derechos humanos, la modificación del Acuerdo sobre los Aspectos de los Derechos de Propiedad Intelectual sobre patentes farmacéuticas emprendida por la OMC, por usar un ejemplo del propio Beitz, evita cuidadosamente el uso del término "derechos humanos" en los documentos oficiales. En lugar de emplear el término "derecho a la salud" se emplean expresiones menos comprometidas, como "preocupación por la salud pública"; en lugar de referirse a las obligaciones de los miembros de la OMC de proteger el derecho humano de los ciudadanos a la salud (y al acceso a medicamentos), se emplean expresiones menos comprometidas como las siguientes: "el Acuerdo puede y debe interpretarse e implementarse de un modo que apoye *el derecho de los miembros de la OMC a proteger la salud pública y, en particular, a promover el acceso de todos a los medicamentos.*" (Subrayado mío). Para más información sobre esta reforma en concreto ver http://www.wto.org/english/tratop_e/trips_e/implem_para6_e.htm. En Herstermeyer 2007 puede

Sin duda Beitz tiene razón al *indicar* que consideraciones sobre derechos humanos se emplean a menudo en los foros internacionales para justificar la necesidad de este tipo de acción. Pero eso no significa que Beitz pueda *justificar* este rasgo peculiar de la actual práctica discursiva de los derechos humanos dentro de los límites impuestos por la concepción centrada en el Estado que él defiende. Apelar a la protección de los derechos humanos sólo puede proporcionar una razón válida para reformar regulaciones económicas globales si las instituciones encargadas de "implementar" esa reforma tienen ellas mismas la obligación de proteger los derechos humanos. La plausibilidad normativa de dichas apelaciones habla a favor de abandonar la asignación monista de obligaciones primarias que caracteriza a la concepción centrada en el Estado.

De hecho, algunos de los argumentos del propio Beitz parecen socavar directamente la plausibilidad de la concepción estatista. El objetivo general del libro es ofrecer una interpretación convincente de los derechos humanos como una práctica política y discursiva emergente a nivel global. Beitz insiste en que la concepción práctica de los derechos humanos que él defiende ofrece un modelo normativo, y no meramente descriptivo, de esa práctica emergente.[19] Esto le permite hacer frente a la objeción de que, en la medida en que intenta reconstruir los rasgos de una práctica dada, su enfoque práctico tiene que conferir necesariamente una autoridad excesiva al *statu quo*. Contra esta objeción Beitz indica que un modelo normativo tiene recursos para criticar la práctica que se propone reconstruir, por ejemplo cuando "las normas de esa práctica son inadecuadas para promover sus objetivos" (2009: 105). Ahora bien, Beitz también reconoce que, a la vista de las estructuras de gobernanza global actualmente existentes, los Estados están condenados a fracasar

---

encontrarse un análisis excelente de las obligaciones de la OMC en materia de derechos humanos en relación con el Acuerdo sobre los Aspectos de los Derechos de Propiedad Intelectual y el derecho a la salud.

[19] Dado que el foco de mi análisis aquí es la concepción estatista de las obligaciones de derechos humanos, no voy a abordar aquí la compleja cuestión de si la concepción práctica ofrece una interpretación plausible (o incluso la más plausible) de la naturaleza de los derechos humanos de entre las diferentes interpretaciones contendientes en el debate actual. Para otras versiones dentro de la amplia familia de concepciones políticas de los derechos humanos véase Rawls 1999, Pogge 2002, Raz 2007. Las alternativas fundamentales a la concepción práctica que Beitz discute en su libro son las que él denomina concepciones naturalistas (véase Cranston 1973, Griffin 2008) y concepciones basadas en el acuerdo (véase Taylor 1999, Cohen 2004).

en la protección de los derechos humanos de sus ciudadanos cuando las violaciones potenciales se deben a regulaciones transnacionales o son perpetradas por actores no estatales. Si tal es el caso, parece que aferrarse a la norma de que sólo los Estados tienen la responsabilidad primaria de proteger los derechos humanos sólo sirve para *exonerar a actores no estatales de toda obligación de proteger los derechos humanos, al tiempo que se reconoce que en ciertos casos dichos actores son los únicos capaces de desempeñar esa función.* Me parece que esta situación encaja exactamente en la descripción de Beitz de un caso en que la norma de una práctica es "inadecuada para promover sus propios objetivos". Si es así, la concepción práctica dispone de recursos para adoptar una postura crítica hacia la norma estatista, precisamente en la medida en que esta norma es inadecuada para promover el objetivo fundamental de dicha práctica, a saber, asegurar la protección de los derechos humanos a escala mundial. Vistas así las cosas parece que, en contra de las afirmaciones de Beitz, la concepción práctica ofrece una justificación fuerte a favor de una norma pluralista, y en contra de la norma exclusivamente estatista, como guía apropiada de la práctica de derechos humanos bajo las condiciones de globalización actuales.[20] El argumento que Beitz aduce en contra de esta

[20] Como ya indiqué antes, evaluar la plausibilidad de la concepción práctica en tanto que interpretación de la naturaleza de los derechos humanos está más allá del foco de discusión de este artículo. Aunque comparto simpatías con la concepción práctica, la razón fundamental para centrarme en ella aquí, sin embargo, es porque puede parecer la concepción más difícil desde la que cuestionar la norma estatista, dado que esta norma es de hecho predominante en la práctica actual. Ahora bien, como intento mostrar en mi argumentación, esta impresión es errónea, pues la concepción práctica no se guía por los rasgos fácticos de la práctica actual sino por los objetivos normativos subyacentes a la misma. Dado que el objetivo fundamental de esta práctica es garantizar la protección de los derechos humanos a escala mundial y que, en las condiciones actuales, este objetivo se ve seriamente menoscabado a menos que las normas de derechos humanos regulen la conducta de otros actores poderosos y no sólo de los Estados, una concepción pluralista de las obligaciones de derechos humanos parece perfectamente justificada desde el punto de vista de la concepción práctica. En comparación, otras concepciones de los derechos humanos no plantean un desafío similar a la hora de defender una concepción pluralista de las obligaciones de derechos humanos, dado que la afirmación de que los derechos humanos consisten "en un grupo de normas para regular el comportamiento de los gobiernos" ni es necesaria ni especialmente plausible fuera de los límites inherentes a la concepción práctica. Si se toma en serio lo que la Declaración Universal de los Derechos Humanos indica, parece claro que los derechos humanos son, sobre todo, derechos que todo ser humano posee con independencia de toda demarcación

alternativa es que el modelo que él propone debe ajustarse descriptivamente a la práctica actual, y por tanto no debe modificarse mientras la práctica misma no cambie[21]. Sin embargo, esto parece socavar cualquier función de guía de la acción que el modelo pueda tener en relación con la práctica actual. Con ello, la concepción práctica de los derechos humanos se expone a la acusación de conferir "demasiada autoridad al *statu quo* al tomar como dada una práctica existente" (Beitz 2009: 105), algo que la argumentación del propio Beitz se propone expresamente refutar.

En mi opinión, hay muy buenas razones para no conferir demasiada autoridad al *statu quo* al aceptar como dada la norma estatista. Una concepción de los derechos humanos que aspira a dar cuenta de la importancia y el significado de la práctica de los derechos humanos difícilmente puede ser plausible si resulta que, de acuerdo con dicha concepción, el objetivo mismo de esta práctica (a saber, asegurar la protección universal de los derechos humanos)[22] está a priori condenado al fracaso en circunstancias actuales. Esta conclusión negativa,

---

política. Incluso si uno adopta una concepción institucional de los derechos humanos, nada en la Declaración sugiere que los Estados sean las únicas instituciones con obligaciones de proteger los derechos humanos. De hecho, como indica el propio Beitz, el artículo 28 parece directamente refutar el supuesto estatista al establecer una conexión explícita entre los derechos humanos y el orden internacional ("toda persona tiene derecho a que se establezca un orden social e internacional en el que los derechos y libertades proclamados en esta Declaración se hagan plenamente efectivos"). Según este artículo, las obligaciones de derechos humanos recaen en todas aquellas instituciones que sean responsables del orden internacional en un momento histórico determinado, tanto si son Estados como si no. Para un ejemplo de una concepción institucional de los derechos humanos que no está centrada en el Estado, véase Pogge 2002:46, donde los derechos humanos se definen del siguiente modo: "un derecho humano a X incluye la exigencia de que, en la medida en que sea razonablemente posible, toda institución social coercitiva sea diseñada de tal modo que todos los seres humanos afectados por ella tengan acceso asegurado a X.".

[21] Para algunas pruebas empíricas en contra de la afirmación de que la práctica actual de los derechos humanos está exclusivamente centrada en el Estado, véase Clapham 2006 y Reinisch 2005.

[22] Este objetivo está identificado explícitamente en los documentos principales sobre derechos humanos. El artículo I de la Carta de de las Naciones Unidas identifica "promover y fomentar el respeto a los derechos humanos y a las libertades fundamentales para todos" como uno de sus objetivos principales. En el preámbulo de la Declaración Universal de los Derechos Humanos se indica que "La Asamblea General proclama la presente Declaración Universal de Derechos Humanos [...] a fin de que tanto los individuos como las instituciones[...] promuevan [...] el respeto

sin embargo, parece inevitable mientras no se pueda cerrar el hiato de responsabilidad que resulta de la asignación monista de obligaciones de protección de derechos humanos a los Estados. Todos están de acuerdo en que no es posible garantizar la protección de los derechos humanos a escala mundial a menos que las regulaciones económicas globales no imposibiliten de hecho dicha protección. En vista de esta situación, no basta con que los defensores de la concepción estatista indiquen, como hace Beitz, que existen vías legales por las que se *podrían* modificar regulaciones económicas globales. Lo que ha de mostrarse es que existe alguna vía (legalmente efectiva) de garantizar que dichas regulaciones *serán de hecho modificadas*. Esto, a su vez, requiere identificar actores que tengan tanto la obligación como la capacidad legal efectiva de llevar a cabo dicha modificación. Esta tarea, sin embargo, parece insoluble desde los supuestos de la concepción estatista, puesto que los actores que tienen la obligación (los Estados particulares) no tienen la capacidad legal de llevar a cabo tal modificación y los actores que tienen la capacidad legal (la OMC, el FMI o el Banco Mundial) no tienen la obligación. Es verdad que, de acuerdo con la concepción estatista, el fracaso de un Estado en proteger los derechos humanos puede proporcionar a agentes externos capaces y apropiadamente situados (como actores no estatales) razones *pro tanto* para actuar. Sin embargo, como Beitz reconoce abiertamente, "esto significa que, en general, el fracaso en proteger los derechos humanos en una sociedad *no requerirá* acción por parte de agentes externos" (2009: 117, subrayado mío). Ésta es la dificultad que, en mi opinión, la concepción estatista no puede superar ni en su interpretación más favorable o caritativa.[23]

Ahora bien, la cuestión que importa aquí, por supuesto, es si existe una alternativa plausible al *statu quo*. ¿Es plausible afirmar que actores no estatales, como la OMC, tienen la obligación de proteger los derechos humanos? ¿No requeriría esto que la OMC dejara de ser una asociación voluntaria diseñada para facilitar el comercio entre sus miembros, y que se convirtiera en una organización de derechos humanos? A fin de mostrar que una alternativa a la adscripción monista de obligaciones, típica de la concepción estatista, no necesita conducir a consecuencias tan poco

---

a estos derechos y libertades, y *aseguren, por medidas progresivas de carácter nacional e internacional, su reconocimiento y aplicación universales y efectivos.*" (subrayado mío).

[23] Agradezco a Charles Beitz por hacerme ver la necesidad de clarificar este punto.

plausibles, es importante prestar atención al ambiguo significado de la noción de "protección" de los derechos humanos que hemos utilizado hasta el momento. Si, adoptando la terminología estándar, distinguimos entre el deber de *respetar*, *proteger* y *realizar* los derechos humanos,[24] está claro que hablar de la obligación de "proteger" los derechos humanos puede tener diferentes significados, dependiendo de si esta expresión se interpreta en el sentido restringido de (meramente) *respetar* los derechos humanos, o bien en el sentido, más ambicioso, de *realizar* (positivamente) los derechos humanos. Mientras en el segundo y más amplio sentido es ciertamente muy plausible afirmar que los Estados tienen la responsabilidad de proporcionar las garantías, los títulos y los servicios necesarios para *realizar* (es decir, promover y hacer cumplir) los derechos humanos de sus ciudadanos, no parece plausible en absoluto afirmar que los Estados son los únicos actores que tienen la responsabilidad de *respetar* los derechos humanos de sus ciudadanos. La obligación de respetar los derechos humanos, en el sentido de no contribuir a su violación, es una obligación universal a la que están sujetos tanto los Estados como los actores no estatales.

En este contexto, es importante no asimilar la distinción entre estos dos sentidos de "proteger" los derechos humanos a la distinción entre acción y omisión, según la cual la "realización" de los derechos humanos requiere acción positiva, mientras que el "respeto" sólo requiere *auto-limitación*. Puede haber contextos en los que esta distinción sea útil, pero el contexto presente no es uno de ellos. La inacción puede ser una forma apropiada de cumplir con la obligación de respetar los derechos humanos por parte de algunos actores no estatales en algunos contextos, pero ciertamente no en todos. Una corporación multinacional puede decidir suspender su implicación en un país con un alto récord de violaciones de los derechos humanos a fin de cumplir con su obligación de respetar los derechos humanos. Sin embargo, esta opción no la tienen las instituciones financieras internacionales encargadas de regular diferentes sectores del orden económico global (tales como la OMC, el FMI o el Banco Mundial). Mientras su misión sea implementar

---

[24] Esta terminología fue introducida por Eide 1987. La concepción de la estructura de múltiples obligaciones aplicable a todos los derechos humanos, expresada en esta división tripartita, fue propuesta originalmente por Shue 1980, si bien con una terminología diferente.

regulaciones y políticas económicas globales, no tienen otra opción que escoger *activamente* entre alternativas, e implementar una regulación u otra. En relación con estas instituciones, la diferencia relevante entre "respetar" y "promover" los derechos humanos no es la diferencia entre acción y omisión. Es la diferencia entre *adoptar como objetivo propio el cumplimiento de los derechos humanos* a escala global (es decir, convertirse en organizaciones de derechos humanos) y aceptar la *obligación de asegurar que las regulaciones y las medidas que implementan para alcanzar sus propios objetivos* (la liberalización del comercio, la estabilidad financiera, el crecimiento económico, etc.) *no impiden la protección de los derechos humanos* (es decir, no impiden a ninguno de sus miembros cumplir sus obligaciones en materia de derechos humanos).[25] A la luz de esta distinción, parece claro que la cuestión de si es parte del mandato legal de estas instituciones el objetivo de promover y realizar activamente los derechos humanos, o si dicha función corresponde exclusivamente a los Estados y a instituciones de derechos humanos, no tiene nada que ver con la cuestión, completamente diferente, de si estas instituciones están sujetas a las leyes internacionales que obligan a *respetar* los derechos humanos y, por tanto, tienen que garantizar que las regulaciones que implementan (con el fin de alcanzar sus objetivos específicos) no impactan negativamente el disfrute de los derechos humanos a escala mundial. Mientras que la primera cuestión es compleja, y por tanto una respuesta afirmativa puede ser controvertida, la respuesta positiva a la segunda cuestión parece difícilmente cuestionable desde un punto de vista normativo.[26] Una vez establecida la distinción, es difícil imaginar que estas instituciones pudieran defender abiertamente una interpretación de sus obligaciones legales según la cual éstas consisten en perseguir obstinadamente sus objetivos económicos específicos desentendiéndose totalmente del impacto que puedan tener en los derechos humanos más básicos de la población mundial.

---

[25] Algunos autores llaman a esta obligación el "deber de vigilancia", es decir, el deber de asegurar en la medida de lo posible que las acciones de la institución no tienen un impacto negativo en la capacidad de sus miembros de cumplir sus obligaciones internacionales en materia de derechos humanos. Véase Darrow 2003:132, 137.

[26] Una panorámica de la vasta bibliografía jurídica sobre este asunto puede encontrarse en Skogly 2001.

De hecho, si se examinan las declaraciones oficiales de estas instituciones en relación con la cuestión de sus obligaciones en materia de derechos humanos, casi invariablemente se corrobora la combinación de afirmaciones que hemos mencionado, a saber, el rechazo de la obligación de promover o hacer cumplir directamente los derechos humanos como parte de su mandato legal (lo que las convertiría en instituciones de derechos humanos) y el reconocimiento de la obligación de asegurar que las medidas y las regulaciones que estas instituciones implementan no impiden el disfrute de los derechos humanos a escala mundial. Un ejemplo de esta posición puede encontrarse en una carta firmada por Sergio Pereira Leite, Director Adjunto de la oficina europea del FMI, titulada "El Fondo Monetario Internacional y los Derechos Humanos" y publicada en *Le Monde* en septiembre de 2001. Esta carta está disponible en la *web* oficial del FMI.[27] Refiriéndose al rechazo a incluir la implementación de los derechos humanos como parte del mandato legal del FMI, el autor afirma lo siguiente:

> Desde 1999 el FMI ha subrayado el papel central de la reducción de la pobreza en la estrategia del Fondo para los países con bajos ingresos [...]. Es importante recordar, sin embargo, que la estrategia de reducción de la pobreza ha de permanecer en las manos del propio país. Si bien hay que dar a los defensores de los derechos humanos todas las oportunidades para participar en los documentos estratégicos de lucha contra la pobreza, éstos *no deben esperar que el FMI imponga condiciones de derechos humanos en su asistencia a los países miembros. El FMI simplemente no tiene la competencia requerida para hacer juicios en este terreno.* (Subrayado mío).

Pero tras afirmar la ausencia de obligación legal y la falta de competencia en el terreno de la promoción y el cumplimiento de los derechos humanos, encontramos también el reconocimiento de la obligación de

---

[27] La carta puede encontrarse en la siguiente página web del FMI: http://www. imf.org/external/np/vc/2001/090401.htm. Posteriormente se publicó una versión más larga de la carta en la revista del FMI *Finance & Development*. Esta versión más larga también está disponible en la web del FMI: http://209.133.61.129/external/ pubs/ft/fandd/2001/12/leite.htm. En la versión más larga son reveladores los títulos de las secciones en las que se encuentra cada uno de los pasajes citados. Son, respectivamente, los siguientes: "¿Cuál es la contribución del FMI a los derechos humanos?" y "Los programas sostenidos por el FMI, ¿dañan los derechos económicos, sociales y culturales?".

asegurar que las medidas que implementa el FMI no tienen un impacto negativo en el disfrute de los derechos humanos:

> El Fondo Monetario Internacional reconoce que *debería estar atento a cualquier efecto colateral negativo de las medidas que propone.* En tales casos, a menudo es necesario introducir redes de seguridad adecuadas para ayudar a aliviar las consecuencias sociales adversas. Esto es algo que el FMI acepta plenamente [...] El FMI *debe esforzarse en estar abierto a la crítica y a las iniciativas de cambiar sus medidas cuando los resultados sean decepcionantes.* Pero debe reconocerse que el FMI se creó para promover la cooperación monetaria internacional y el ajuste ordenado de la balanza de pagos. (Subrayado mío).

De manera similar, en la vasta y compleja bibliografía jurídica actual sobre el comercio y los derechos humanos, los especialistas disienten sobre si la OMC tiene la obligación de proteger los derechos humanos. Sin embargo, si se presta atención a la diferencia entre los dos sentidos, completamente diferentes, de la "protección" de los derechos humanos a lo cual nos hemos referido antes, el espacio para la controversia se reduce bastante deprisa. Interpretando dicha protección en sentido amplio, hay desacuerdo sobre si la protección de los derechos humanos es parte del mandato legal de la OMC. Por un lado, muchos juristas responden negativamente a esa cuestión. En la mayor parte de los casos justifican esta posición señalando que el objetivo de proteger los derechos humanos no se menciona en ninguno de los documentos fundacionales de la OMC como parte de su mandato. Por otro lado, sin embargo, algunos juristas argumentan que el objetivo de proteger los derechos humanos puede derivarse de algunos de los objetivos específicos establecidos en el Preámbulo de la OMC, por ejemplo el objetivo de aumentar el nivel de vida y del desarrollo sostenible.[28] Sea como fuere, parece claro que este interesante debate no está directamente relacionado con la cuestión, completamente distinta, de si la OMC está sujeta a la obligación de

---

[28] Véase Zagel 2005. Incluso los juristas que intentan derivar de alguno de los objetivos específicos de la OMC la obligación de proteger los derechos humanos coinciden en que esta institución no tiene el mandato de hacer cumplir los derechos humanos, sino sólo los estatutos de la OMC. Estos autores afirman más bien que la legislación de la OMC debe interpretarse e implementarse de modo consistente con cualquier legislación relevante en materia de derechos humanos. Sobre la importancia de esta distinción véase Clapham 2006: 164 y ss.

proteger los derechos humanos en el sentido restringido de estar obligada a *respetar las leyes internacionales de derechos humanos*.[29] Todos los especialistas responden afirmativamente a esta cuestión,[30] aunque hay ciertamente bastante desacuerdo acerca del alcance y las implicaciones precisas de esta obligación, así como acerca de la variedad de medios legales y técnicos para su implementación. Las propuestas menos ambiciosas atribuyen las principales obligaciones a las instituciones de resolución de disputas, y analizan los diferentes instrumentos legales de que disponen estas instituciones cuando juzgan casos presentados por Estados miembros (tales casos pueden abarcar desde la concesión de excepciones a países concretos hasta la exigencia, de mayores consecuencias, de que la regulación en cuestión sea revisada por los expertos, a fin de evitar cualquier conflicto con la legislación internacional relevante en materia de derechos humanos).[31] Las propuestas más ambiciosas incluyen además la obligación de evaluar el impacto que tendrían determinadas medidas comerciales en la capacidad de proteger los derechos humanos durante las primeras fases de negociación y elaboración, y no sólo en la fase posterior de implementación.[32] Esta obligación podría anclarse institucionalmente mediante el establecimiento de una "División de Comercio y Derechos Humanos" en la secretaría de la OMC que proporcionara asistencia técnica

---

[29] De hecho, en 2001 el Secretariado de la OMC reconoció que la OMC está sujeta a la legislación internacional normal en materia de derechos humanos. Véase UN Doc. E/CN.4/Sub.2/2001/SR.12, para. 24, protocolo del 12° encuentro, del 8 de agosto de 2001.

[30] No es sorprendente que los juristas coincidan en que la legislación de la OMC debe interpretarse de un modo consistente con la legislación internacional sobre derechos humanos (esta opinión es compartida por algunos miembros de la División de Asuntos Legales de la OMC. Un ejemplo puede encontrarse en Marceau 2002: 755.). Sin embargo, los expertos siguen diferentes vías para derivar las obligaciones de respetar los derechos humanos a partir de los rasgos específicos de la OMC. Una de ellas consiste en señalar que el Artículo XXI (c) del GATT permite desviarse de las obligaciones del GATT si se hace en cumplimiento de las obligaciones que el Estado miembro contrae en virtud de la Carta de la ONU, y una de las principales obligaciones de todos los miembros de la ONU es proteger los derechos humanos. Un ejemplo puede leerse en Zagel 2005.

[31] Para una buena panorámica de las principales propuestas actualmente en discusión entre los especialistas, véase Herstermeyer 2007: 209-229.

[32] Véase Zagel 200: 30-31. Una propuesta similar, aunque sin referencias específicas a los derechos humanos, se encuentra en Stiglitz y Charlton 2005: 7.

en la elaboración de dichos análisis de impacto en materia de protección de derechos humanos.[33]

La situación es similar en el caso del Banco Mundial. Aunque la interpretación oficial del mandato legal del Banco no incluye el promover o implementar los derechos humanos, el Banco reconoce su obligación de respetar los derechos humanos.[34] Sin embargo, más allá de este reconocimiento abstracto, hay al menos dos rasgos de la estructura y las prácticas actuales del Banco que ofrecen una base institucional que permitiría anclar la obligación de respetar los derechos humanos en las actividades de dicha institución. En contraste con la OMC, ya es parte de la práctica actual del Banco la realización de "análisis de impacto social" diseñados para evaluar las consecuencias de sus propias medidas y programas en los países de referencia, en relación con el objetivo de promover "el bienestar o la prosperidad de los diferentes grupos afectados, con especial atención hacia los más pobres y vulnerables" (Banco Mundial 2002:2). Aunque el historial de implementación de este tipo de análisis respecto a la mayor parte de los programas apoyados por el Banco es bastante pobre, su existencia indica que es perfectamente viable incorporar a las medidas operativas del Banco evaluaciones de impacto sobre los derechos humanos que sean sensibles al amplio espectro de factores relevantes para la protección de los derechos humanos en el contexto y las circunstancias específicas de los diferentes países, y que por consiguiente sirvan de guía para decidir si y cómo debe llevarse a cabo una operación o un programa concreto. Esta práctica también está presente en el FMI, aunque en menor medida. Otra institución perteneciente al Banco que promete un anclaje institucional más fuerte de las obligaciones vinculadas a los derechos humanos en las operaciones de esta institución es el Panel de Inspección creado en 1993. Su mandato consiste en revisar las quejas de cualquier grupo de particulares que teman sufrir o aleguen estar sufriendo los efectos materiales adversos de los fallos del Banco en el seguimiento de sus medidas y procedimientos operativos. Obviamente, cuanto más arraigada se encuentre la obligación de respetar los derechos humanos en las operaciones del Banco, tanto mayor será la capacidad de esta institución para exigir que el Banco rinda cuentas de su impacto en la protección de derechos humanos. Desde un punto de vista normativo,

[33] Véase Zagel 2007: 367.

[34] Véase Banco Mundial 2008.

la creación de este Panel tiene además la importancia de constituir el primer reconocimiento formal de que las organizaciones internacionales no sólo son responsables ante los Estados, sino ante individuos o colectivos particulares afectados por sus operaciones, independientemente de la relación que tengan las organizaciones o los actores particulares con los Estados que forman parte de esas organizaciones.[35]

Esto nos retrotrae a la cuestión que planteé al principio de si es conceptualmente plausible esperar que los miembros de instituciones globales que representan a Estados sean responsables ante todos los que tienen que acatar sus decisiones, al tiempo que siguen siendo responsables ante los ciudadanos de sus propios países por las obligaciones especiales que tienen con ellos. Me parece que si la cuestión se plantea en términos de las obligaciones de instituciones globales en materia de protección de los derechos humanos, el dilema conceptual pierde buena parte de su plausibilidad. Parece perfectamente coherente afirmar que los miembros de las instituciones globales tienen, como representantes de sus Estados, la responsabilidad especial de promover los intereses y los derechos de sus propios ciudadanos tan intensamente como puedan, mientras respeten los límites impuestos por la obligación general, que tienen como agentes de instituciones globales, de asegurar que sus decisiones colectivas no impacten negativamente la posibilidad de proteger los derechos humanos a escala mundial. La analogía con el nivel nacional parece suficiente para mostrar la plausibilidad normativa de esta concepción de obligaciones plurales. Los representantes de las diferentes regiones de un país dotado de una estructura política federal pueden tener la responsabilidad especial de promover tan intensamente como puedan los intereses y los derechos de los ciudadanos de las regiones que representan, siempre que respeten los límites impuestos por la obligación, que les corresponde como miembros de una institución nacional, de asegurar que sus decisiones colectivas no influyen negativamente en la posibilidad de proteger los derechos constitucionales de todos los ciudadanos.

Con esto no quiero sugerir que la analogía entre el nivel nacional y el nivel global sea perfecta, ni que las soluciones institucionales establecidas a nivel nacional (tales como un Tribunal Constitucional con autoridad

---

[35] Véase Bradlow 1994: 554. Para ver otros ejemplos de mecanismos de rendición de cuentas adoptados por otras instituciones internacionales en respuesta a las crecientes demandas de "buena gobernanza", véase Reinisch 2005: 50 y ss.

para interpretar la Constitución) serían adecuadas o deseables a nivel global. Una diferencia importante entre estos dos casos estriba en que a nivel nacional todos los ciudadanos tienen los mismos derechos constitucionales, mientras que a nivel internacional los derechos constitucionales de los ciudadanos pueden ser mucho más extensos y exigentes que los derechos humanos que se reconocen a todos los ciudadanos del mundo. Por esta razón, la propuesta que defiendo es compatible con la afirmación de Nagel de que las obligaciones de justicia social entre los ciudadanos de un Estado nacional particular son mayores y cualitativamente diferentes de las obligaciones que tienen estos compatriotas hacia los ciudadanos de otros países.[36] Sin embargo, al atribuir obligaciones en materia de derechos humanos a las instituciones globales, mi propuesta es incompatible con la afirmación de Nagel según la cual las acciones y las decisiones de las instituciones globales no alcanzan

> el nivel de acción colectiva necesario para dar lugar a demandas de justicia, incluso en una forma diluida [...]. La relación sigue siendo esencialmente de negociación, mientras no se dé el salto de crear una autoridad soberana colectivamente autorizada. Según la concepción política "discontinua" que yo defiendo, los tratados o acuerdos internacionales, como por ejemplo los que establecen las reglas del comercio [...], son contratos "puros", y nada garantiza la justicia de sus resultados. (Nagel 2005: 141)[37]

La interpretación de Nagel de las regulaciones de instituciones internacionales como la OMC como "contratos puros" (y, por tanto, como exentos de toda obligación de justicia, por mínima que sea) parece motivada por un falso dilema. Como vimos al principio, la argumentación de Nagel parece asumir que sólo tenemos dos opciones conceptuales: o bien los representantes de los Estados tienen la responsabilidad de promover los intereses y los derechos de sus propios ciudadanos o bien tienen la responsabilidad colectiva de promover por igual los intereses y los de-

---

[36] Al indicar la compatibilidad de mi propuesta con la concepción estatista de la justicia social de Nagel no pretendo afirmar la validez de dicha concepción sino sólo mostrar que, incluso aunque uno la acepte como válida, no se puede extraer de ella razones convincentes para rechazar la asignación de obligaciones de respetar los derechos humanos a instituciones globales.

[37] Para una convincente crítica de esta afirmación, véase Cohen y Sabel 2006: 171.

rechos de la ciudadanía combinada de todos los Estados implicados.[38] Si esas fueran las únicas opciones, la responsabilidad inclusiva parecería efectivamente incompatible con la responsabilidad doméstica, pues ejercer la responsabilidad de promover los intereses de todos los ciudadanos del mundo por igual no dejaría espacio para ejercitar la responsabilidad de promover específicamente los intereses particulares de los conciudadanos. En la ausencia de un Estado mundial, los representantes que intenten cumplir las exigencias de una responsabilidad inclusiva estarán sujetos al reproche constante de desatender las expectativas legítimas de los propios representados.

Ahora bien, una vez que la cuestión de la adecuada responsabilidad de las instituciones globales se interpreta en términos de la obligación de respetar los derechos humanos, parece abrirse una vía por la que escapar al dilema de Nagel, pues podemos ver cómo las responsabilidades globales y domésticas de los representantes de los Estados miembros son significativamente diferentes y, por tanto, pueden ejercitarse simultáneamente. En la medida en que esto es así es difícil ver cómo los ciudadanos de cualquier país podrían esperar o exigir legítimamente cualquier otra cosa de sus representantes. Tomemos como ejemplo la OMC, y aceptemos, por mor del argumento, la opinión, muy extendida, de que esta

---

[38] Este supuesto está muy extendido, no sólo entre críticos como Nagel, sino incluso entre aquellos que defienden que los miembros de instituciones globales y redes regionales deberían estar sujetos a responsabilidades tanto domésticas como globales. Slaughter ofrece un claro ejemplo. Por un lado afirma, de modo muy plausible en mi opinión, que los miembros de redes gubernamentales "primero han de ser responsables ante aquellos que representan a nivel doméstico por sus actividades transgubernamentales del mismo modo que lo son por sus actividades domésticas. Segundo, en tanto que participantes en estructuras de gobernanza global deben tener un código operativo básico que tenga en cuenta los intereses y derechos de todo el mundo." (2005: 39) Sin embargo, su interpretación de esta segunda responsabilidad parece demasiado fuerte como para evitar la objeción de que no deja espacio para el ejercicio de la primera responsabilidad. Slaughter explica: "incluso si los participantes en redes gubernamentales fueran adecuadamente responsables ante sus representados domésticos, ¿qué deber tienen para con otras naciones? Puede parecer una pregunta extraña, pero si esas redes constituyen realmente estructuras primarias de gobernanza global [...] tendrían que estar sujetas a normas tanto globales como nacionales. Serían responsables de formular e implementar colectivamente políticas en el interés público global." (2005:51) Desgraciadamente, Slaughter no explica cómo ambas responsabilidades pueden ejercitarse simultáneamente en la ausencia de un Estado mundial.

institución está diseñada simplemente para facilitar las negociaciones entre partes interesadas que buscan su propio provecho.[39] Incluso en ese escenario estratégico, una cosa es esperar que los representantes promuevan tan intensamente como puedan los intereses y los derechos de sus representados y otra cosa muy distinta es esperar que promuevan esos intereses y derechos tan intensamente como puedan, incluso si eso implica violaciones masivas (y previsibles) de los derechos humanos de

[39] Pese al compromiso oficial de la OMC con el objetivo de aumentar el nivel de vida y de desarrollo sostenible, muchos críticos consideran que el diseño de la OMC como una asociación voluntaria para facilitar el comercio entre sus miembros la convierte simplemente en un mercado para la negociación, en el que sus miembros no intentan acordar colectivamente las mejores medidas comerciales para todos, sino que intentan negociar el mejor acuerdo para sí mismos. En su libro *The Bottom Billion*, Collier ofrece una expresiva caracterización de la OMC en esa línea: "[La OMC] no es una institución que persigue unos objetivos, sino más bien un mercado. El Secretariado de la OMC simplemente está ahí para levantar el puesto cada mañana, barrer el suelo cada tarde y regular el horario de apertura. Lo que sucede allí está determinado por las negociaciones [...]. La ronda de negociaciones comerciales fue calificada de 'ronda de desarrollo', pero tales etiquetas no tienen realmente ningún contenido en una organización diseñada para el regateo. Del mismo modo podría llamarse una 'ronda de desarrollo' al comercio de mañana en eBay. Las negociaciones comerciales están ahí para conseguir el mejor trato al país propio, definido en términos de un mínimo de apertura del mercado doméstico por un máximo de apertura del de los otros" (2007: 170-171). La evolución legal de la OMC y de sus instituciones internas sugiere que probablemente esta estrecha valoración de su funcionamiento será cada vez menos acertada, pero incluso si se acepta como una descripción acertada de cómo entienden el papel de esta institución tanto sus miembros como los ciudadanos a los que representan (como hago yo en este artículo por mor del argumento), sigue pareciendo enteramente injustificado afirmar que esta institución no tiene la obligación de respetar los derechos humanos. Debe notarse que, pese a su cínica valoración del diseño actual de la OMC, Collier no ve en principio ningún impedimento para su ambiciosa propuesta de reforma de esta institución, que incluye "añadir una función de transferencia a su función de negociación", con el propósito concreto de ayudar a los países más pobres a costa de los más poderosos intereses económicos de los países ricos. Como explica Collier, "con 'transferencia' me refiero a una reducción *no recíproca* de las barreras comerciales hacia los mil millones más pobres: un regalo, no un trato [...]. El Secretariado de la OMC debería encargarse de negociar ese regalo en la primera fase de cada ronda" (2007: 171). Como antiguo director del Banco Mundial, Collier toma la evolución del Banco como modelo para la OMC: "El Banco evolucionó al añadir una función de transferencia orientada hacia los países con bajos ingresos a lo que originalmente era una función de asistencia mutua de los países ricos. Esto es lo que debería suceder con la OMC." (ibíd.).

otros.[40] Dado que para evitar esto último no es necesario tratar los intereses y los derechos de todos los ciudadanos del mundo por igual más allá del umbral relevante, la obligación de respetar los derechos humanos compartida por todos los miembros de una institución global parece perfectamente compatible con la persecución del objetivo estratégico de promover los intereses y los derechos de los propios representados tan intensamente como sea posible, dentro de los límites establecidos por la obligación prioritaria anterior.

Obvia decir que las dificultades prácticas a la hora de implementar mecanismos que anclen la obligación de proteger los derechos humanos en instituciones globales son inmensas. Más allá del temor habitual de que tales mecanismos puedan ser manipulados por los poderosos tanto como lo son los mecanismos actuales, hay que añadir el problema de que actualmente no disponemos de un conjunto coherente de criterios para evaluar el impacto concreto de las regulaciones económicas globales sobre la protección de los derechos humanos. Obviamente, tampoco es de esperar que tales criterios estén disponibles en el futuro mientras no haya un acuerdo acerca de su necesidad entre los miembros de la comunidad internacional. En cualquier caso, el desarrollo de tal conjunto de criterios concretos sería crucial para coordinar el trabajo de las diferentes instituciones financieras internacionales y, por tanto, para alcanzar una mayor coherencia en las políticas económicas globales. Ciertamente, lograr un acuerdo en torno a criterios concretos de protección de los derechos humanos básicos por parte de la comunidad internacional puede ser muy difícil así como controvertido, en la medida en que pueda percibirse como politizado o sesgado ideológicamente. Pero por imperfectos, controvertidos o revisables que sean tales acuerdos, su implementación supondría sin duda una mejora neta frente a la alternativa de desconsiderar por completo en los procesos de decisión

[40] La reciente disculpa pública del presidente Clinton por apoyar políticas comerciales que destruyeron la producción de arroz en Haití es una clara ilustración de la plausibilidad de la concepción de responsabilidad inclusiva defendida aquí. El 10 de marzo de este año, hablando ante el Comité para Relaciones Extranjeras del Senado estadounidense sobre su apoyo a cortes drásticos en los aranceles para la importación de arroz estadounidense en Haití, Clinton declaró: "Puede que fuera bueno para algunos de mis granjeros en Arkansas, pero no ha funcionado. Tengo que vivir cada día con las consecuencias de la pérdida de capacidad de Haití de producir una cosecha de arroz para alimentar a su población por culpa de lo que yo hice".

de las instituciones globales el impacto de las regulaciones económicas globales sobre los derechos humanos. Establecer mecanismos internos de responsabilidad en las instituciones globales, a fin de garantizar el cumplimiento de la obligación de respetar los derechos humanos, quizá sólo permitiría prevenir los casos más evidentes de graves violaciones a éstos, si los criterios acordados fueran mínimos o se formularan de un modo excesivamente estrecho. Pero a falta de cualquier mecanismo de este tipo, no hay razón alguna para esperar que ni las violaciones más crasas y obvias se prevengan en absoluto. Incluso esa modesta aspiración parece inalcanzable mientras no exista un acuerdo firme acerca de la necesidad y la corrección normativa de anclar legalmente la obligación de respetar los derechos humanos en las instituciones globales.

Bibliografía y referencias

Alston, P., ed. (2005). *Non-State Actors and Human Rights*. Oxford : Oxford University Press.

Beitz, C. (2009). *The Idea of Human Rights*. Oxford: Oxford University Press.

Bohman, J. (2007). *Democracy across Borders*. Cambridge, MA: MIT Press.

Bradlow, D. (1994). International Organizations and Private Complaints: The Case of the World Bank Inspection Panel. *Virginia Journal of International Law* 34 (3), pp. 553-613.

Clapham, A. (2006). *Human Rights Obligations of Non-State Actors*. Oxford: Oxford University Press.

Cohen, J. (2004). Minimalism about Human Rights. *Journal of Political Philosophy* 12, pp. 190-213.

Cohen, J., Sabel, C. (2005). Global Democracy?. *NYU Journal of International Law and Politics* 37, pp. 763-797.

Cohen, J., Sabel, C. (2006). Extra Rempublicam Nulle Justitia?. *Philosophy & Public Affairs* 34(2), pp. 147-75.

Collier, P. (2007). *The Bottom Billion*. Oxford: Oxford University Press.

Cottier, T., Pauwelyn, J. y Bürgi, E., eds. (2005) *Human Rights and International Trade*, Oxford: Oxford University Press.

Cranston, M. (1973). *What Are Human Rights?*. London: Bodley Head.

Dahl, R. (1999). Can International Organizations Be Democratic? A Skeptic's View. En I. Shapiro y C. Hacker-Cordón (Eds.), *Democracy's Edges*. Cambridge: Cambridge University Press. (pp. 19-36)

Darrow, M. (2003). *Between Light and Shadow: The World Bank, the International Monetary Fund and International Human Rights Law*. Oxford: Hart Publishing.

Dryzek, J. (2006). *Deliberative Global Politics*. Cambridge: Polity Press.

Eide, A. (1987). *The New International Economic Order and the Promotion of Human Rights. Report on the Right to Adequate Food as a Human Right*, UN Doc E/CN.4/Sub.2/1987/23

Goodin, R. (2003). Globalizing Justice. En D. Held (ed.), *Taming Globalization*. Oxford: Polity Press (pp. 68-92)

Griffin, J. (2008). *On Human Rights*. Oxford: Oxford University Press.

Habermas, J. (2008). A Political Constitution for the Pluralist World Society?. En J. Habermas, *Between Naturalism and Religion*. Cambridge, MA: MIT Press (pp. 312-52)

Held, D. (2004). *Global Covenant. The Social Democratic Alternative to the Washington Consensus*. Cambridge: Polity Press.

Held, D. (2005). Democratic Accountability and Political Effectiveness from a Cosmopolitan Perspective. En D. Held y M. Koenig-Archibugi (Eds.), *Global Governance and Public Accountability*. Oxford: Blackwell (pp. 240-67)

Held, D. y Koenig-Archibugi, M., eds. (2005). *Global Governance and Public Accountability*. Oxford: Blackwell.

Herstermeyer, H. (2007). *Human Rights and the WTO. The Case of Patents and Access to Medicines*. Oxford: Oxford University Press.

Kahler, M. (2004). Defining Accountability Up: The Global Economic Multilaterals. En D. Held y M. Koenig-Archibugi (Eds.). *Global Governance and Public Accountability*. Oxford: Blackwell (pp. 8-34)

Keohane, R. (2003). Global Governance and Democratic Accountability. En D. Held (Ed.), *Taming Globalization*. Oxford: Polity Press (pp. 130-59)

Keohane, R., Nye, J. (2003). Redefining Accountability for Global Governance. En M. Kahler y D. Lake (Eds.). *Governance in a global economy: political authority in transition*. Princeton, NJ: Princeton University Press (pp. 386-411)

Lafont, C. (2008). Alternative Visions of a New Global Order: What should Cosmopolitans hope for?. *Ethics & Global Politics* 1(1-2), pp. 1-20.

Marceau, G. (2002). WTO Dispute Settlement and Human Rights. *European Journal of International Law* 13(4), pp. 753-814.

Nagel, T. (2005). The Problem of Global Justice. *Philosophy & Public Affairs* 33 (2), pp. 113-47.

Pauwelyn, J. (2005). Human Rights in WTO Dispute Settlement. En T. Cottier, J. Pauwelyn, y E. Bürgi (Eds.). *Human Rights and International Trade*. Oxford: Oxford University Press (pp. 205-31)

Pereira, S. (2001). The International Monetary Fund and Human Rights, http://www.imf.org/external/np/vc/2001/090401.htm.Una versión más extensa está disponible en http://209.133.61.129/external/pubs/ft/fandd/2001/12/leite.htm.

Pogge, T. (2002). *World Poverty and Human Rights*. Cambridge: Polity Press.

Rawls, J. (1999). *The Law of Peoples*. Cambridge, MA: Harvard University Press.

Raz, J. (2007). Human Rights Without Foundations. *Oxford Legal Studies Research Paper* 14/2007, pp. 1-21.

Reinisch, A. (2005). The Changing International Legal Framework for Dealing with Non- State Actors. En P. Alston (Ed.). *Non-State Actors and Human Rights*. Oxford: Oxford University Press (pp. 37-89)

Schmalz-Bruns, R. (2007). An den Grenzen der Entstaatlichung. Bemerkungen zu Jürgen Habermas' Modell einer 'Weltinnenpolitik ohne Weltregierung'. En P. Niesen y B. Herborth (Eds). *Anarchie der kommunikativen Freiheit. J. Habermas und die Theorie der internationalen Politk*. Frankfurt: Suhrkamp (pp. 369-93)

Shue, H. (1980). *Basic Rights. Subsistence, Affluence and U.S. Foreign Policy*. Princeton: Princeton University Press.

Skogly, S. (2001). *The Human Rights Obligations of the World Bank and the International Monetary Fund*. London: Cavendish Press.

Slaughter, A-M. (2005). Disaggregated Sovereignty: Towards the Public Accountability of Global Government Networks. En D. Held y M. Koenig-Archibugi (Eds.). *Global Governance and Public Accountability* Oxford: Blackwell (pp. 35-66).

Stiglitz, J., y Charlton, A. (2005). *Fair Trade for All. How Trade can Promote Development*. Oxford: Oxford University Press.

UDHR (*Universal Declaration of Human Rights*). Approved and proclaimed by the General Assembly of the United Nations on 10 December 1948, as Resolution 217 A (III). www.un.org/en/documents/udhr.

United Nations High Commissioner for Human Rights. *Economic, Social and Cultural Rights, Subcommission on the promotion and protection of human rights, Summary Record of the 12th Meeting*. UN Doc. E/CN.4/Sub.2/2001/SR.12 (2001).

UN. Charter of the United Nations. Signed on 26 June, 1945 at the conclusion of the United Nations Conference on International Organization, and came into force on October 24, 1945. www.un.org/en/documents/charter/index.shtml.

Woods, N. y Narlikar, A. (2001). Global Governance and the Limits of Accountability: The WTO, the IMF, and the World Bank. *International Science Journal* 53 (170), pp. 569-83.

World Bank (1998). *Development and Human Rights: the Role of the World Bank.* Washington DC: World Bank.

World Bank (2002). *A User's Guide to Poverty and Social Impact Analysis.* Draft prepared by the Poverty Reduction Group and Social Development Department, 19 April 2002.

Zagel, G. (2005). WTO and Human Rights: Examining Linkages and Suggesting Convergence. *Voices of Development Jurist Paper Series* 2 (2), pp. 1-37.

Zagel, G. (2007). *Human Rights Accountability of the WTO. Human Rights & International Legal Discourse* 1 (2), pp. 335-79.

Capítulo V
Los derechos humanos dentro y fuera de las fronteras

Julio Montero

I Introducción

La visión imperante en el derecho internacional sostiene que los derechos humanos son normas relativas al trato que los Estados dan a su propia población. En la bibliografía especializada esta posición se conoce como la perspectiva estatista sobre los derechos humanos. En un trabajo publicado en este mismo volumen así como en varios artículos, Cristina Lafont argumenta que debemos abandonar esta perspectiva para adoptar, en su lugar, una novedosa concepción pluralista de su autoría. De acuerdo con la concepción pluralista, los derechos humanos serían normas orientadas a proteger los intereses vitales de las personas de manera verdaderamente universal, una suerte de nuevos derechos naturales que impondrían obligaciones no solamente a los gobiernos sino también a individuos, corporaciones transnacionales, organismos internacionales e instituciones de gobernanza global. Esta perspectiva tendría, en su opinión, la doble ventaja de ser más apta para proteger los intereses de las personas en el mundo actual y de resultar más consistente con las metas perseguidas por la práctica de los derechos humanos.

Esta discusión se inserta en un debate más amplio sobre el alcance normativo de los derechos humanos en la era de la globalización. El mundo en el que se adoptó la Declaración Universal estaba compuesto por Estados relativamente autárquicos. Esos Estados eran, en la práctica, los únicos actores relevantes de la vida política internacional. Pero el mundo ha sufrido drásticos cambios desde esos días. La integración de los mercados que la globalización generó ha restringido considerablemente la independencia de los Estados, en la medida en que decisiones tomadas de manera inconsulta por un gobierno pueden tener ahora consecuencias sobre otros países o sobre regiones completas. Al mismo tiempo, la arena internacional se ha poblado de una miríada de nuevos actores, como grandes corporaciones multinacionales, grupos terroristas globales y toda una red de instituciones de gobernanza de carácter supranacional cuyas actividades de un modo u otro repercuten sobre el bienestar y las perspectivas de vida de los seres humanos. Por consiguiente, muchos autores han propuesto abandonar la perspectiva estatista y reemplazarla con una concepción que vea a los derechos humanos como dispositivos de naturaleza cosmopolita. Algunas de esas propuestas son tan ambiciosas que directamente proponen la creación de un Estado mundial. Otras, menos extremas, requerirían, sin embargo, cambios considerables en el modo de comprender las relaciones entre los pueblos. En este contexto, la propuesta de Lafont es especialmente atractiva ya que pretende ampliar el alcance normativo de los derechos humanos sin poner en cuestión el sistema de los Estados, sin impedir que cada comunidad política persiga su interés nacional y sin abrumar a los países ricos con pesadas demandas de justicia distributiva internacional.

En este artículo defiendo la perspectiva estatista sobre los derechos humanos. Si bien el argumento que desarrollo es en buena medida general, está presentado como una discusión de las tesis de Lafont. Tras proponer, en la sección II, una reconstrucción propia de la perspectiva estatista, considero las dos críticas principales que Lafont le dirige. En la sección III reviso la historia de la práctica de los derechos humanos contemporáneos para mostrar que la perspectiva estatista captura adecuadamente sus metas así como la división del trabajo y la distribución de responsabilidades que genera. Finalmente, en la sección IV, abordo el crucial asunto de si la perspectiva estatista puede permitirnos combatir las nuevas amenazas contra la dignidad humana surgidas en la era de la globalización. Mi argumento será que, contrariamente a lo que piensa Lafont, esta perspectiva dispone de recursos para regular las actividades de poderosos actores no estatales como las instituciones de gobernanza global y para asignar a la comunidad internacional amplias responsabilidades por los derechos humanos. La perspectiva estatista no solamente es apta para un mundo globalizado sino que en varios aspectos resulta más promisoria que la perspectiva pluralista elaborada por Lafont y otras concepciones cosmopolitas de los derechos humanos.

II La perspectiva estatista, los actores no estatales y la perspectiva pluralista

La perspectiva estatista es ampliamente aceptada por los teóricos de los derechos humanos y el derecho internacional. Por ejemplo, en su entrada de la *Enciclopedia Stanford* sobre el tema, un renombrado teórico como James Nickel sostiene que "los derechos humanos de una persona no son primariamente derechos contra las Naciones Unidas u otros organismos internacionales" sino derechos que "primordialmente imponen obligaciones al gobierno del país en el que la persona reside o se encuentra". Jack Donnelly, otro destacado especialista, señala que postular un derecho humano a X significa que "cada Estado tiene la autoridad y la responsabilidad de implementar y proteger el derecho a X dentro de su territorio" (Donelly 2003: 34). En su influyente tratado sobre derecho internacional, Rosalyn Higgins se refiere a los derechos humanos como derechos "que tenemos contra el Estado en virtud de ser seres humanos" y como normas que generan obligaciones "que ligan a una o más personas y al Estado que tiene jurisdicción sobre ellas" (Higgins 2006: 104-105). En el campo de la filosofía política, por su parte, la perspectiva estatista es tan popular que la bibliografía actual ofrece varias versiones de estatismo. En *The Law of Peoples*, John Rawls define los derechos humanos como estándares que toda sociedad debe respetar para evitar interferencias de otras naciones con sus asuntos internos y sus "modos de ser" (Rawls 1999: 80). Otros autores, como Joshua Cohen, los conciben como normas basadas en el valor de la pertenencia o la inclusión, es decir, como condiciones que los gobiernos deben respetar para que ninguna persona se vea excluida de su sociedad política (Cohen 2007: 238-239). Para Joseph Raz, se trata de restricciones externas a la soberanía de los Estados impuestas por la comunidad internacional (Raz 2010: 9). En su obra *Justice for Hedgehogs*, Ronald Dworkin se refiere a los derechos humanos como derechos derivados del derecho básico a ser tratados por nuestros gobiernos "como seres humanos cuya dignidad importa en un sentido fundamental" (Dworkin 2011: 335). Todas estas concepciones son distintas y sería interesante compararlas. Pero todas coinciden, no obstante, en que los derechos humanos son estándares relativos al trato que una sociedad política puede brindar a sus habitantes.

La versión más elaborada de la perspectiva estatista de la que disponemos por el momento es probablemente la que Charles Beitz presenta en *The Idea of Human Rights*. De acuerdo con Beitz, los derechos humanos se definen con base en tres características. En primer lugar, son requerimientos destinados a proteger ciertos intereses urgentes de las personas contra las amenazas más comunes que estos intereses podrían enfrentar en un "orden mundial moderno compuesto por Estados". En segundo lugar, son requerimientos que se aplican en primera instancia a los gobiernos. Para cumplir con estos requerimientos, los gobiernos deben (i) abstenerse de dañar los intereses que los derechos humanos preservan, (ii) proteger esos intereses de amenazas procedentes de agentes no estatales bajo su jurisdicción, y (iii) asistir a las personas cuando sus intereses hayan sido indebidamente dañados. En tercer lugar, los derechos humanos son "asuntos de interés internacional". Esto significa que cuando los Estados no cumplen con sus obligaciones en materia de derechos humanos, otros agentes, como organizaciones no gubernamentales, grupos de la sociedad civil, otros Estados o la comunidad internacional, tienen razones para emprender diversas acciones al respecto (Beitz 2009: 109).

La concepción de los derechos humanos de Beitz podría corregirse de varias maneras. Por ejemplo, no es claro que los derechos humanos protejan sólo intereses urgentes de las personas. El derecho internacional actual reconoce una gran variedad de derechos humanos y, aunque todos o casi todos esos derechos protegen intereses importantes de los seres humanos, no es para nada evidente que todos esos intereses sean realmente urgentes. Podría también dudarse de que la responsabilidad primaria por los derechos humanos deba recaer exclusivamente sobre los Estados. De acuerdo con el derecho internacional actual, los derechos humanos también imponen obligaciones a otros agentes cuasi estatales que detenten autoridad sobre un territorio, como guerrillas o fuerzas de ocupación (Cassese 2004: 384-396). Finalmente, podría cuestionarse la idea de que los derechos humanos solamente pueden tener vigencia en un orden moderno compuesto por Estados. Si bien el Estado parece un hecho permanente, casi ineludible de la vida política, los derechos humanos podrían tener sentido en contextos históricos alternativos o en un mundo en el que el régimen internacional o las comunidades políticas domésticas se ordenaran de otra manera. Es posible que en esos escenarios debiéramos revisar el listado de derechos humanos reconocidos o introducir ajustes o variaciones en los mecanismos de implementación, protección y rendición de cuentas. Pero esto de ningún modo implica que la práctica de los derechos humanos dejaría de tener sentido o que debiéramos sustituirla por alguna otra práctica distinta (Lafont 2012: 19; Tassioulas 2009: 945; Gilabert 2011).

Para evitar estos problemas adoptaré la siguiente versión revisada de la perspectiva estatista:

(a) Los derechos humanos son estándares que resguardan algunos intereses especialmente importantes de las personas.

(b) Los derechos humanos son derechos que las personas tienen respecto de sus comunidades políticas o de otros agentes que detenten, reclamen o administren una autoridad política similar.

(c) Los derechos humanos generan razones para que otros agentes, especialmente la comunidad internacional, emprendan diversas acciones orientadas a conseguir que quienes detentan la autoridad política en una sociedad respeten los derechos humanos de su población.

Esta versión revisada de la perspectiva estatista se distingue de la versión de Beitz en tres aspectos relevantes. En primer lugar, amplía los intereses que los derechos humanos protegen a intereses especialmente importantes de los seres humanos. Si bien esto puede no bastar para cubrir todos los derechos reconocidos por el derecho internacional actual, constituye un criterio que se acomoda mejor a la realidad de la práctica que estamos tratando de comprender. En segundo lugar, la versión revisada no restringe la responsabilidad primaria por los derechos humanos a los Estados, sino que extiende esa responsabilidad a cualquier agente que de manera permanente o circunstancial detente autoridad política sobre las personas, incluyendo a grupos armados, guerrillas y fuerzas de ocupación. En tercer lugar, la versión revisada vuelve a los derechos humanos conceptualmente independientes de escenarios históricos y condiciones de vida particulares. La práctica contemporánea de los derechos humanos surgió, claro está, en un contexto determinado y los derechos humanos reconocidos por el derecho internacional están en buena medida adaptados a ese contexto. Pero la razón de ser de la práctica de los derechos humanos trasciende esas particularidades. Como veremos, los derechos humanos son estándares relativos al modo en que puede usarse el poder de una comunidad política respecto de los seres humanos sujetos a su autoridad. No importa si se trata del poder de un Estado moderno, de un feudo medieval o de una tribu nómade que se desplaza en busca de alimento: mientras haya un agente que reclame autoridad política soberana sobre las personas, tendrá sentido hablar de derechos humanos.

Es importante notar que el modelo estatista no restringe la responsabilidad por los derechos humanos a los Estados. Por el contrario, considera que otros agentes tienen, o pueden tener, responsabilidad al respecto. El modelo estatista simplemente sostiene que esa responsabilidad es secundaria, de segundo orden, o de segundo nivel. Es decir, no una responsabilidad de tomar a su cargo la satisfacción de los derechos humanos, sino de actuar de diversas maneras para que quienes administran la autoridad política los respeten. El modelo estatista tampoco niega que otros agentes distintos de los que detentan esa autoridad puedan eventualmente tener la obligación de satisfacer, o contribuir a satisfacer, intereses importantes de las personas. No niega, por ejemplo, que individuos, corporaciones transnacionales, organismos no gubernamentales o países ricos tengan la obligación de brindar asistencia directa a seres humanos que viven en condiciones de pobreza, que padecieron catástrofes naturales o que requieren ayuda por alguna otra razón. Solamente sostiene que esas obligaciones no son, por lo general, obligaciones de derechos humanos sino obligaciones de alguna otra especie, como deberes de rescate, deberes humanitarios, deberes naturales o deberes de justicia internacional.

A pesar de su popularidad, la perspectiva estatista es resistida por varios autores relacionados con la corriente de filosofía política que se conoce como cosmopolitismo. En varios trabajos de publicación reciente, Cristina Lafont articula una de las críticas más devastadoras que se han elaborado contra esta perspectiva. Su principal argumento es que, al comprender los derechos humanos como normas referidas al modo en que una sociedad trata a sus habitantes, la perspectiva estatista confunde la razón de ser de la práctica contemporánea de los derechos humanos. Esta confusión tendría, a su vez, una consecuencia trágica: los derechos humanos se volverían incapaces de proteger los intereses vitales de las personas de amenazas procedentes de actores distintos de sus propios Estados. Dice Lafont:

> ...Si en los Estados recae la responsabilidad primordial de proteger los derechos humanos de sus propios ciudadanos y la responsabilidad secundaria de la comunidad internacional se agota en exigir responsabilidad a los Estados por el trato que dan a sus ciudadanos, parece que los actores no estatales no tienen ninguna obligación de proteger los derechos humanos y, en consecuencia, la comunidad internacional no tiene la obligación de exigir responsabilidad a dichos actores por el impacto de sus acciones o decisiones en la protección de los derechos humanos (Lafont 2010: 417).

Lafont menciona tres clases de amenazas de las que la perspectiva estatista no podría resguardarnos: (i) amenazas procedentes de otros Estados que actúan de manera extra-territorial; (ii) amenazas procedentes de actores no estatales que operan con la complicidad del gobierno o que aprovechan su debilidad, incapacidad o negligencia; y (iii) amenazas procedentes de organismos internacionales o instituciones de gobernanza global como el Fondo Monetario Internacional, el Banco Mundial o la Organización Mundial del Comercio. Esta última clase de amenaza es en realidad la más preocupante. No solamente porque las instituciones de gobernanza global actúan, o pretenden actuar, en nombre de la comunidad internacional, sino también por el tremendo impacto que sus regulaciones, políticas y programas pueden tener sobre las perspectivas de vida de las personas.

Para superar este grave problema, Lafont propone reemplazar la perspectiva estatista por una concepción alternativa de la práctica de los derechos humanos. La médula de esa concepción está contenida en el siguiente pasaje:

> ... el complejo fenómeno legal e institucional que identificamos como la práctica contemporánea de los derechos humanos se retrotrae al compromiso conjunto de los miembros de la comunidad internacional de asegurar la protección de los derechos humanos a escala mundial. Este compromiso es lo que le proporciona significado práctico a la idea de que los derechos humanos son un asunto de interés para la comunidad internacional (Lafont 2012: 23).

Más precisamente, Lafont piensa que la meta que la práctica de los derechos humanos persigue consiste en promover la cooperación internacional para "proteger a todos los seres humanos de las amenazas estándar contra algunos de sus intereses más importantes por medio de los recursos institucionales más confiables disponibles en cada momento" (Lafont 2012: 30). Esta interpretación conduce a una concepción de los derechos humanos que Lafont denomina "pluralista". De acuerdo con esta concepción, los derechos humanos serían normas que regularían el comportamiento no solamente de los Estados sino de toda clase de agentes. Para determinar su contenido deberíamos: (i) detectar los intereses de los seres humanos que merecen ser protegidos por normas de derechos humanos; (ii) detectar las amenazas más comunes contra esos intereses que podrían surgir en un entorno social determinado; y (iii) detectar los medios institucionales más adecuados para prevenir esas amenazas (Lafont 2012: 31). Si bien bajo la interpretación pluralista la obligación de proteger y promover los derechos humanos recaería principalmente sobre los gobiernos, otros actores no estatales tendrían un deber de abstenerse de violarlos y la comunidad internacional tendría la obligación de adoptar todas las medidas a su alcance para resguardar los derechos humanos en todas partes para honrar el compromiso que libremente asumió al adoptar la Declaración Universal.

III La práctica de los derechos humanos: su doctrina, su historia, sus metas

La concepción pluralista de los derechos humanos que Lafont construye es sumamente atractiva. En especial para las personas con una sensibilidad humanista, esa sensibilidad que considera que el bienestar del individuo humano es la máxima prioridad moral, una prioridad que no debería reconocer religiones, culturas ni fronteras. Pero Lafont no pretende simplemente presentar una concepción moralmente atractiva de los derechos humanos. Por el contario, siguiendo a Beitz, considera que toda concepción de los derechos humanos debe basarse en una interpretación de la práctica tal como la conocemos. La tarea del filósofo es, en este sentido, la de descubrir la racionalidad intrínseca a la práctica, no la de crear una práctica nueva. Esto no quiere decir, claro está, que debamos renunciar al razonamiento moral o a construir modelos que nos permitan variar la práctica de los derechos humanos de diversas maneras. Simplemente quiere decir que los razonamientos morales, los modelos y las variaciones que propongamos deben partir de un intento de comprender la razón de ser de esa práctica así como los compromisos normativos asumidos por sus participantes. De otro modo, no solamente correríamos el riesgo de que nuestras especulaciones teóricas no tuvieran ninguna relación con la actividad que pretendemos comprender, evaluar o perfeccionar, sino que nuestras intervenciones sobre ella podrían tener la desastrosa consecuencia de impedirle realizar sus propias metas originales (Lafont 2012: 16-17; Beitz 2009: 102-106; Raz 2010).

Para respaldar su interpretación Lafont recurre a varios documentos del derecho internacional. En especial, recurre a documentos en los que la comunidad internacional expresamente asume un compromiso de cooperar por los derechos humanos. En el artículo 56 de la Carta de Naciones Unidas, por ejemplo, los Estados parte "se comprometen a tomar medidas conjunta o separadamente, en cooperación con la Organización [...] para promover el respeto universal de los derechos humanos y las libertades fundamentales"; el Preámbulo de la Declaración Universal establece que todos los pueblos y naciones deben promover el reconocimiento y la aplicación efectiva de los derechos humanos a través de "medidas progresivas de carácter nacional e internacional"; el artículo 28 pone de relieve la dimensión internacional de los derechos humanos al proclamar el derecho a "un orden social e internacional en el que los derechos y libertades proclamados en esta declaración se hagan plenamente efectivos"; y el artículo 2 del Pacto sobre Derechos Económicos, Sociales y Culturales, compromete los Estados parte a "adoptar medidas, tanto por separado como mediante la asistencia y la cooperación internacionales" para lograr la progresiva realización de los derechos humanos.

Estas referencias son realmente persuasivas. Nadie podría negar que la comunidad internacional tiene un compromiso de cooperar para conseguir la plena realización de los derechos humanos. Pero esto no basta para descartar la perspectiva estatista, pues el compromiso de cooperar puede interpretarse de distintas maneras. En este sentido, la perspectiva estatista no niega que la comunidad internacional tenga la obligación de cooperar por los derechos humanos. Todo lo contrario: concibe ese compromiso como un rasgo distintivo de la práctica. De otro modo no vería los derechos humanos como "asuntos de interés internacional". Si bien la perspectiva estatista no es cosmopolita, tampoco es de naturaleza westfaliana o hobbesiana, como sus detractores muchas veces alegan. La perspectiva estatista simplemente interpreta que la obligación de cooperar requiere que la comunidad internacional contribuya de diversas maneras a que todos los gobiernos respeten los derechos humanos de su población, ya sea monitoreando su comportamiento, brindándoles asistencia o aplicándoles sanciones progresivas cuando sea necesario. Éste no es, por consiguiente, un debate entre una concepción de los derechos humanos que sostiene que hay un deber de cooperar internacionalmente y otra concepción que niega la existencia de ese deber. Es, más bien, un debate entre dos maneras alternativas de comprender el deber de cooperar. Lo que debemos preguntarnos para dirimir la controversia es, entonces, cuál de estas dos perspectivas captura más adecuadamente el compromiso asumido en los documentos que consideramos.

Siguiendo una técnica interpretativa de sentido común, podríamos tratar de situar las referencias a la cooperación internacional en un contexto más amplio. Ese contexto bien podría ser suministrado por la propia práctica de los derechos humanos. Pues es de suponer que mediante esa práctica los Estados han procurado cumplir con el compromiso que, según Lafont, libremente asumieron al suscribir los diversos documentos internacionales. La propuesta de implementación de los derechos humanos que originalmente diseñó el grupo de trabajo de las Naciones Unidas hacía a los Estados responsables de garantizar la satisfacción de los derechos humanos de su población mediante la adopción de políticas públicas y cláusulas constitucionales, y restringía así la responsabilidad de la comunidad internacional a tareas de supervisión, monitoreo, negociación o intervención armada bajo la autoridad de una corte internacional con competencia para adjudicar (Beitz 2009: 23-24). Por razones de prudencia política, esta propuesta no llegó a implementarse, pero se crearon varios mecanismos de protección que respetan una lógica similar. Todos los mecanismos derivados de la Carta de Naciones Unidas, como el Consejo de Derechos Humanos –reemplazado en 2006 por el Comité–, el sistema de reporteros especiales por tema o por país y la Oficina del Alto Comisionado, se dedican a supervisar el trato que los gobiernos dan a su población, recabando información sobre sus actividades, exponiéndolos públicamente cuando violan derechos humanos y brindándoles asesoramiento relativo a sus políticas públicas (Donelly 2013: 80). Por su parte, los comités de derechos humanos creados a instancias de los sucesivos pactos internacionales monitorean el comportamiento de los Estados parte revisando informes periódicos presentados por los gobiernos y, en algunos casos, procesando reclamos presentados directamente por los individuos contra las autoridades locales (Donelly 2013: 81; Cassese 2004: 380-384). Si bien los sistemas regionales de protección suelen ser más completos, ya que incorporan cortes con competencia para recibir casos individuales, también se orientan mayormente a supervisar el trato que los gobiernos dan a las personas situadas bajo su autoridad (Skogly 2002: 782; Donelly 2003: 34). No caben dudas, después de este somero examen, de que la práctica de los derechos humanos es decididamente estatista.

Podría tal vez objetarse que la práctica de los derechos humanos ha traicionado sus aspiraciones originales. Los rigores de la Guerra Fría, los intereses de las potencias imperiales y las presiones del capitalismo internacional bien podrían explicar este supuesto desvío. Pero el análisis del proceso de adopción de la Declaración Universal rápidamente desautoriza esta sospecha. En su exhaustivo estudio sobre el tema, James Morsink sostiene que la principal motivación para la adopción de la Declaración era "evitar otro holocausto o abominación similar" (Morsink 1999: 37; Bates 2010: 32). Otro especialista en la materia, Jack Donelly, explica que los derechos humanos se convirtieron en una prioridad para la comunidad internacional cuando, al concluir la Segunda Guerra Mundial, los Aliados descubrieron que carecían de herramientas internacionales para condenar las atrocidades cometidas por el régimen nazi (Donelly 2013: 4). De hecho, el borrador de declaración preparado por René Cassin contenía referencias explícitas a este evento (Glendon 2001: 176). Estas motivaciones están expresamente reconocidas en la Declaración, que en su preámbulo explica: "el desconocimiento y el menosprecio de los derechos han originado actos de barbarie ultrajantes para la conciencia de la humanidad". Los horrores del nazismo a los que la Declaración remite son diversos: torturas, persecuciones, deportaciones, violaciones del debido proceso, privación de las fuentes de alimentación, discriminación racial, trabajo forzado, ejecuciones extrajudiciales, genocidio. Pero todos estos horrores tienen un denominador común. No se trata de crímenes perpetrados por particulares, corporaciones, actores no estatales ni organismos internacionales, sino de crímenes perpetrados por un gobierno contra seres humanos situados bajo su autoridad. En una de sus intervenciones durante el proceso de discusión previo a la adopción de la Declaración, Charles Malik, uno de los redactores del texto, expuso la razón de ser de la actividad en curso en estos términos: "Hoy el hombre no necesita protección contra los reyes o los dictadores, sino más bien contra una nueva forma de tiranía del *Estado* sobre el individuo, al que es el deber de esta Comisión proteger" (Morsink 1999: 242). Y en una sesión posterior completó la idea: "El mundo se enfrentó con una tendencia al 'estatismo' o la determinación por el Estado de todas las relaciones y las ideas, suplantando así todas las demás fuentes de convicción… Esto también era un grave peligro, ya que el hombre no era el esclavo del Estado, y no existía para servir al Estado solamente" (Morsink 1999: 243). Malik se encargó de dejar estos temores debidamente plasmados en el Preámbulo de la Declaración: "Es esencial, a fin de que el hombre no se vea compelido al supremo recurso de la rebelión contra la tiranía y la opresión, que los derechos humanos sean protegidos por un régimen de derecho". Sobre esta misma idea volvió el día en que la Declaración Universal fue adoptada por la Asamblea General: "Ahora sé lo que mi gobierno se comprometió a promover, conseguir y observar [al firmar la Carta de Naciones Unidas] [...] Puedo revelarme contra mi gobierno, y si éste no cumple con su palabra, tendré y sentiré el apoyo moral del mundo entero" (Glendon 2002: 164).

Toda esta evidencia parece confirmar que la meta que la comunidad internacional perseguía con la adopción de la Declaración Universal era subsanar una grave deficiencia del sistema de los Estados vigente desde la Paz de Westfalia. Ese sistema reconocía a los Estados una soberanía sin restricciones sobre su territorio, sus recursos y su población. Todo lo que pasara dentro de su jurisdicción era considerado un asunto puramente interno en el que nadie más podía entrometerse. Si bien esta "ley de la separación" surgió inicialmente como un modus vivendi entre potencias desangradas por largas guerras de religión, no carece, sin embargo, de sustento normativo. Las comunidades políticas nacionales, que se habían consolidado lentamente durante la modernidad, disputando la autoridad de la Iglesia y de poderes regionales, corporativos y personales, reclamaron más tarde el derecho de determinar su destino, perseguir sus metas, promover su cultura y realizar su concepción del bien común sin padecer intromisiones por parte de otras sociedades. En este sentido, no tenemos por qué ver al sistema de los Estados como un resabio indeseable de un mundo brutal ya perimido. Podemos verlo, en cambio, como un orden normativo que sirve un valor moral decisivo: el valor de la autodeterminación de los pueblos. Y seguramente así es como lo ve la comunidad internacional, pues ha convertido ese valor en uno de los principios clave de todo el derecho internacional contemporáneo (Cassese 2004: 17). Los crímenes perpetrados por el régimen nazi pusieron, sin embargo, al descubierto un riesgo latente en el sistema: el riesgo de que el poder soberano de comunidades políticas unidas por simpatías, lazos culturales, tradiciones religiosas o aspiraciones comunes fuera empleado por sus gobiernos, o por agentes que se apropiaran del gobierno, de modos que lesionaran la dignidad humana. Para combatir este riesgo, la comunidad internacional procedió a revisar el concepto de soberanía vigente hasta ese momento y demandó a sus miembros que se comprometieran a respetar ciertos estándares relativos al trato que podían dar a las personas que vivían bajo su jurisdicción. El trato que las comunidades políticas dispensaran a los seres humanos situados bajo su autoridad ya no sería un asunto meramente interno y la persecución de metas comunes quedaría restringida por una serie de derechos de las personas sin importar cuáles fueran los fines más comprehensivos perseguidos por sus comunidades políticas. Derechos que en el nuevo orden internacional las diversas comunidades políticas ya no eran libres de desconocer; derechos cuyo cumplimiento la comunidad internacional se reservaba la atribución de demandar; derechos que en adelante serían un asunto de interés para toda la humanidad.

Esta interpretación de la práctica de los derechos humanos tiene al menos dos ventajas evidentes respecto de la perspectiva pluralista y otras interpretaciones cosmopolitas. En primer lugar, resulta mucho más consistente con la matriz del derecho internacional en la que los documentos de derechos humanos se insertan. El derecho internacional no es un sistema normativo orientado a regular el comportamiento de todos los agentes, sino un sistema normativo orientado a regular el comportamiento de los Estados y otros agentes cuasi estatales (Higgins 2006: 39, 95; Cassese 2004: 3; Meckled-García 2011). Por consiguiente, parece más apropiado interpretar los derechos humanos como derechos que imponen obligaciones a los Estados que como derechos naturales que imponen obligaciones a todo el mundo. Esto no quiere decir, claro está, que otros agentes no tengan ninguna responsabilidad respecto de los intereses que los derechos humanos preservan. Por el contrario, todos tenemos un deber de no dañar dichos intereses y quizá hasta un deber de contribuir activamente a promoverlos. Pero estos deberes son deberes morales generales, independientes de la práctica de los derechos humanos. No precisamos recurrir al lenguaje de los derechos humanos para dar cuenta de ellos.

En segundo lugar, la interpretación estatista es más consistente con el listado de derechos humanos internacionales actualmente reconocidos. Es común pensar que los derechos humanos preservan solamente algunos pocos intereses básicos de las personas, como los intereses que nos permiten vivir una vida digna, decente o distintivamente humana (Cohen 2004; Miller 2007: 185; Buchanan 2004: 128; Ignatieff 2001: 56). Pero esta creencia no se corresponde con la realidad. El listado de derechos humanos reconocidos por el derecho internacional es verdaderamente amplio. La Declaración Universal reconoce derechos a la propiedad privada, a recabar, recibir e impartir información e ideas a través de los medios, a elecciones periódicas realizadas mediante el sistema de sufragio universal y secreto, a la seguridad social, a decidir libremente la ocupación, a tiempo libre y a vacaciones pagas. El Pacto de Derechos Económicos, Sociales y Culturales suma derechos al trabajo, a sindicalizarse, a una mejora continua de las condiciones de vida, al máximo nivel posible de salud física y mental, a disfrutar de los beneficios del progreso científico. Otros instrumentos reconocen derechos a servicios de cuidado de niños y a información y guía educativa y vocacional. Muchos de estos derechos están explícitamente formulados como derechos contra el Estado. Otros requieren la provisión de bienes o la prestación de servicios que sólo las instituciones políticas pueden razonablemente suministrar (Donelly 2003: 34; Martin 2004: 189). Cuando los consideramos en su conjunto, éstos parecen más una concepción de la justicia aplicable a una sociedad doméstica que derechos naturales, derechos cosmopolitas o derechos de moralidad interpersonal (Beitz, 2003). Y el hecho de que no se proclamen derechos morales clave como el derecho a que nos digan la verdad, el derecho a que otros nos traten con el debido respeto, o el derecho a que se cumplan las promesas que se nos hacen, no hace más que reforzar la tesis de que los derechos humanos son de naturaleza política, no de naturaleza general.

IV La perspectiva estatista ante los actores no estatales y las instituciones de gobernanza global

Espero haber mostrado en la sección anterior que la perspectiva estatista captura adecuadamente las metas que la práctica de los derechos humanos persigue, así como los compromisos normativos y la distribución de responsabilidades que genera. Me gustaría ahora discutir la crucial cuestión de si la práctica de los derechos humanos tal como esta perspectiva la modela puede hacer frente a los desafíos del mundo actual. Pues a menos que podamos evitar que actores no estatales como las instituciones de gobernanza global minen la capacidad de los Estados de satisfacer los derechos humanos de su población, toda la empresa de los derechos humanos podría volverse peligrosamente vacía. Lafont expone el problema de manera contundente:

> …en las condiciones actuales de globalización es cada vez más evidente que las regulaciones económicas globales adoptadas por ciertos actores no estatales (como la OMC, el FMI o el Banco Mundial) pueden tener un tremendo impacto en la posibilidad de proteger los derechos humanos a escala mundial. Ahora bien, si éste es el caso, ¿no es poco plausible sostener que estas instituciones no tienen ninguna obligación en materia de derechos humanos? Y lo que es peor, ¿cómo puede la comunidad internacional responsabilizar a los Estados de las consecuencias de regulaciones globales que no está realmente en sus manos determinar? ¿No debería la comunidad internacional exigir responsabilidades a aquellos actores cuyas decisiones y acciones impiden la protección de los derechos humanos, tanto si son Estados como si no lo son, en lugar de exigir responsabilidades a los Estados por decisiones y acciones que no están bajo su control? (Lafont 2010: 417).

Este pasaje no deja dudas: si la perspectiva estatista no tiene ninguna solución para el problema que tratamos, tal vez deberíamos abandonarla y alterar radicalmente la práctica de los derechos humanos como la conocemos hasta ahora.

Ésta es, por cierto, la solución que Lafont recomienda. De acuerdo con ella, la única manera de poner los derechos humanos a salvo en la era de la globalización consiste en reemplazar la perspectiva estatista por una concepción pluralista que extienda la responsabilidad por los derechos humanos a todo tipo de agentes, desde individuos hasta corporaciones, grupos armados y organismos internacionales. Naturalmente, la concepción pluralista no sostiene que todos estos agentes deban promover activamente los derechos humanos o adoptar su plena satisfacción como un objetivo propio. Sostiene solamente que tienen una obligación de respetar los derechos humanos en el sentido de no violarlos, no contribuir a su violación o no socavar su satisfacción (Lafont 2010: 424). En el caso de las instituciones de gobernanza global esto se traduce en una demanda de no impulsar medidas que puedan amenazar la protección de los derechos humanos. Por ejemplo, el FMI debería abstenerse de exigir a los países que apliquen políticas públicas que recorten su capacidad de satisfacer los derechos humanos; el Banco Mundial debería abstenerse de financiar obras de infraestructura que pudieran tener un impacto negativo sobre los intereses que estos derechos protegen; la Organización Mundial del Comercio debería abstenerse de adoptar regulaciones que pudieran minar la capacidad de los gobiernos pobres de atender los derechos humanos de su población. Para cumplir con estos requerimientos, las instituciones de gobernanza global deberían, según la perspectiva pluralista, establecer procedimientos para evaluar por anticipado el posible impacto de sus políticas en materia de derechos humanos, crear mecanismos para procesar posibles denuncias contra sus programas y disponer de alguna clase de compensación para las víctimas de programas ya implementados (Lafont 2013: 18 y ss.).

Si bien es por todos conocido que los directivos de las instituciones de gobernanza global suelen invocar alguna versión de la perspectiva estatista para probar que las instituciones que representan no tienen ninguna responsabilidad en materia de derechos humanos, ésta no es, por lo general, la posición de los autores que defienden la concepción estatista. Bajo la concepción de Beitz, por ejemplo, la responsabilidad de la comunidad internacional por los derechos humanos es considerablemente amplia. De acuerdo con él, cuando la inobservancia de los derechos humanos por parte de una sociedad se debiera a que ésta carece de los recursos necesarios para afrontar sus obligaciones, la comunidad internacional tendría razones para ayudar a esa sociedad a desarrollar su economía o a consolidar sus instituciones mediante transferencias de dinero, conocimientos técnicos o recursos humanos (Beitz 2009: 36). Es cierto, como sostiene Lafont, que proporcionar asistencia a Estados que carecen de recursos como consecuencia de las regulaciones adoptadas por organismos internacionales podría no ser la respuesta más adecuada. Sería mucho mejor, como Lafont propone, atacar el problema de raíz (Lafont 2010: 418). Sin embargo, de acuerdo con la perspectiva estatista, cuando la incapacidad de un gobierno para atender los derechos humanos pudiera atribuirse a las políticas de otros Estados o de agentes internacionales, estos agentes tendrían razones para llevar a cabo lo que Beitz denomina una "adaptación externa". La adaptación externa es una práctica orientada a revisar las reglas y las estructuras de gobernanza global para eliminar los obstáculos que éstas pudieran interponer a la realización de los derechos humanos (Beitz 2009: 116). Por consiguiente, si descubriéramos que o bien las regulaciones comerciales establecidas por la Organización Mundial del Comercio discriminan en contra de los productos agrarios, o bien las reglas de propiedad intelectual incrementan el precio de medicamentos esenciales, o bien las normas laborales estipuladas por algunas agencias internacionales están entorpeciendo la satisfacción de los derechos humanos en algunos de los países más pobres, deberíamos revisar esas regulaciones y proceder a reformarlas (Beitz 2009: 40 y 116). Aunque Beitz no discute el asunto explícitamente, es evidente que el mismo razonamiento se aplicaría a organismos financieros internacionales como el FMI y el Banco Mundial.

Más todavía, las responsabilidades que la perspectiva estatista asigna a las instituciones de gobernanza global podrían ser más amplias que las que les asigna la perspectiva pluralista. La perspectiva pluralista circunscribe esa responsabilidad a una obligación negativa de abstenerse de obstruir la protección de los derechos humanos (Lafont 2010: 423-424; 2012: 36-38; 2013: 18). Para cumplir con esta demanda, las instituciones de gobernanza global tendrían que adoptar, es cierto, algunas medidas positivas. Pero, de acuerdo con la perspectiva pluralista, no tendrían ninguna responsabilidad adicional de promover los derechos humanos o de fortalecer progresivamente la capacidad de la sociedades pobres de atender las necesidades de sus residentes (Lafont 2012: 14). Esto no solamente es problemático en el sentido de que podría no bastar para que los derechos humanos de todas las personas se vieran satisfechos en las regiones más pauperizadas del planeta, sino que podría ser inconsistente con los constantes reclamos de cooperación internacional contenidos en muchos instrumentos de derechos humanos. Documentos como el Pacto de Derechos Económicos, Sociales y Culturales, la Declaración de

Viena, la Carta de Naciones Unidas y la propia Declaración Universal no reclaman una cooperación puramente pasiva por parte de la comunidad internacional sino, por el contrario, una activa colaboración en la construcción de un orden internacional en el que los derechos humanos de todas las personas puedan ser plenamente realizados en todas partes (para un cuidadoso análisis del contenido de la cooperación internacional que requieren los documentos de derechos humanos, véase Salomon 2007).

En contraste con la perspectiva pluralista, la perspectiva estatista permite asignar a la comunidad internacional y sus instituciones de gobernanza global deberes positivos de asistir a las sociedades pobres y de introducir reformas políticas progresivas destinadas a incrementar la capacidad de sus gobiernos de atender los derechos humanos de la población. Para ponerlo en términos más concretos, instituciones como la Organización Mundial del Comercio deberían considerar, por ejemplo, la adopción de regulaciones comerciales que permitan a los países más pobres proteger sus incipientes industrias, e instituciones como el Banco Mundial deberían priorizar los préstamos que pudieran redundar en un mejor récord de derechos humanos o que permitieran reducir la pobreza extrema (Rodrik 2007: 227; Guariglia 2010: 106-122). Los deberes positivos de adoptar medidas de promoción de los derechos humanos serían, por supuesto, deberes *prima facie*, es decir, deberes que deberían sopesarse con otras obligaciones que las instituciones de gobernanza global pudieran tener, incluida la obligación de perseguir sus metas constitutivas. Pero generarían razones para actuar que estas instituciones y sus directivos no podrían ignorar sin brindar una justificación razonable a la comunidad internacional.

Hay dos posibles réplicas por parte de Lafont que quisiera considerar antes de concluir. La primera réplica sostiene que por más que los autores estatistas expresamente propongan regular el comportamiento de actores no estatales como las instituciones de gobernanza global, no pueden, sin embargo, justificar dichas regulaciones desde un punto de vista conceptual. Pregunta Lafont:

> ¿[...] cómo puede justificarse como un medio de "implementar" la protección de los derechos humanos una medida cuyo objetivo es influir en el comportamiento de un actor que no tiene la responsabilidad de proteger los derechos humanos? Más aún, ¿cómo podría emprender el actor no estatal la reforma de las regulaciones en cuestión, sin reconocer

> y aceptar con ello la obligación de proteger los derechos humanos?[...]
> Apelar a la protección de los derechos humanos sólo puede proporcionar una razón válida para reformar regulaciones económicas globales si las instituciones encargadas de "implementar" esa reforma tienen ellas mismas la obligación de proteger los derechos humanos. La plausibilidad normativa de dichas apelaciones habla a favor de abandonar la asignación monista de obligaciones primarias que caracteriza a la concepción centrada en el Estado (Lafont 2010: 419-420).

El argumento de Lafont parece simple: a menos que aceptemos que agentes distintos de los Estados, como la comunidad internacional y las instituciones de gobernanza global, tienen alguna responsabilidad por los derechos humanos, no podremos regular su comportamiento del modo que deseamos, y esto equivale, en su opinión, a abandonar la perspectiva estatista.

El problema con este argumento es que, como vimos, la perspectiva estatista no niega que la comunidad internacional tenga responsabilidad por los derechos humanos. El hecho de que esa responsabilidad no sea primaria sino secundaria no es un obstáculo para que les impongamos a las instituciones de gobernanza global y a otros agentes no estatales relevantes la clase de regulaciones que estamos discutiendo. Pues, en virtud de esa responsabilidad secundaria, la comunidad internacional está obligada a contribuir a que los Estados satisfagan los derechos humanos de su población. Y, dada la evidencia disponible, esto requiere que exijan a las instituciones de gobernanza situadas bajo su autoridad que no adopten regulaciones que puedan destruir la capacidad de los gobiernos de satisfacer los derechos humanos de la gente.

La segunda réplica que deseo considerar sostiene que, si bien la perspectiva estatista permite regular el comportamiento de las instituciones de gobernanza global, genera, no obstante, una laguna en términos del trato que un Estado puede dar a personas que no residen en su territorio. De hecho, de acuerdo con Lafont, al excluir por definición cualquier obligación extra-territorial por los derechos humanos, la perspectiva estatista deja a los Estados libres de culpa por las violaciones de derechos humanos que pudieran cometer como parte de su política exterior (Lafont 2012: 23; 2013: 9). Como consecuencia de esto, la perspectiva estatista no permitiría, por ejemplo, pedir cuentas a Estados Unidos por el trato que dispensa a los prisioneros que mantienen detenidos en su base militar de Guantánamo, ni al Estado de Israel por los abusos cometidos contra los palestinos que habitan los Territorios Ocupados, ni al Reino Unido por los crímenes cometidos por sus tropas durante la ocupación militar de Irak. Esto sería, por supuesto, un grave problema para la perspectiva estatista. No solamente porque muchas vejaciones aberrantes contra la dignidad de las personas permanecerían completamente impunes, sino sobre todo porque los intereses de millones de personas correrían serio peligro, especialmente en la era de la así llamada "guerra contra el terror" (Duffy 2005 y 2009).

Es cierto que, de acuerdo con la perspectiva estatista, la responsabilidad por los derechos humanos no es de naturaleza universal o cosmopolita. También es cierto que, por razones obvias, los gobiernos muchas veces tienden a interpretar este rasgo como si sus obligaciones en materia de derechos humanos tuvieran un alcance puramente territorial. Muchas cláusulas de los instrumentos internacionales parecen abonar esta interpretación. Pero el problema no es tan grave como parece a primera vista. Por un lado, los derechos humanos operan como parte de una red normativa más amplia constituida por el derecho internacional. En este sentido, otras áreas de esa red resguardan, o contribuyen a resguardar, los intereses de las personas de las actividades de agentes distintos de sus Estados. Por ejemplo: el derecho internacional consuetudinario estipula que todos los Estados deben abstenerse de causar daños a personas situadas en otros Estados durante sus operaciones internacionales (Skogly y Gibney 2002: 789); el derecho internacional humanitario brinda protección contra las actividades de otros Estados en tiempos de guerra o durante conflictos armados y preserva la integridad de prisioneros de guerra y otras personas detenidas (Duffy 2005: 239); y el derecho internacional penal resguarda a los seres humanos de ciertos crímenes particularmente aberrantes cometidos por agentes distintos de sus Estados, incluidos los crímenes de guerra (Meckled-García 2011).

Por otra parte, es importante recordar que en la versión corregida que he propuesto, la perspectiva estatista no restringe la responsabilidad de los Estados a la protección de los intereses de las personas que habitan su propio territorio, sino que extiende esa responsabilidad a todos los seres humanos que se encuentren de manera permanente o temporaria bajo su autoridad. Esta interpretación es, por cierto, plenamente consistente con la jurisprudencia actual en la materia (Cassese 2005: 385; Kamchibekova 2007; Sigrun, Skogly y Gibney 2002; Gibeny, Tomasevski y Vedsted-Hansen 1999). En el comentado caso López Burgos v. Uruguay, el Comité de Derechos Humanos de las Naciones Unidas dictaminó que el criterio relevante para la asignación de responsabilidad por una violación de derechos humanos no es el lugar donde la violación acaece sino "la relación entre los individuos y el Estado" que la perpetra (López Burgos v. Uruguay: 12.2). Y en su Comentario General 31, brinda mayores precisiones, afirmando que los Estados tienen responsabilidad por los derechos humanos civiles y políticos de toda persona situada bajo su "poder" o "control efectivo", incluso si esa persona no se encuentra en su territorio. Y prosigue: "Este principio también se aplica a las personas que se encuentren bajo el poder o control efectivo de las fuerzas de un Estado parte que actúa fuera de su territorio, con independencia de las circunstancias en las que ese poder o control efectivo se obtuvo, como fuerzas que constituyen un contingente nacional de un Estado parte asignado a operaciones de paz" (Comentario General 31: 10). Siguiendo este mismo criterio, que aplicó en casos como Loizdou v. Turkey, la Corte Europea de Derechos Humanos interpreta que la responsabilidad de los Estados que suscriben la Convención Europea "se extiende a todas las personas bajo su autoridad efectiva aunque ésta sea ejercida fuera de su territorio" (Kamchibekova 2007: 17). Por su parte, al discutir el candente caso de los "combatientes enemigos" detenidos en Guantánamo, la Corte Interamericana de Derechos Humanos sentenció que "la determinación de la responsabilidad de un Estado no depende de la nacionalidad del individuo o de su presencia en un área geográfica especial, sino más bien de si, bajo las circunstancias del caso, esa persona está bajo la autoridad y el control del Estado" (Medidas cautelares en Guantánamo Bay, 2002. Para un cuidadoso análisis de este caso, véase Duffy 2005: 390 y ss.). En sintonía con estas interpretaciones, mi versión de la perspectiva estatista no permitiría que los Estados vulneraran impunemente los intereses de personas que no habitan su territorio mediante sus actividades de política exterior. Por el contrario, brindaría a esos intereses relativo resguardo contra las actividades extra-territoriales de los Estados, debiendo sus gobiernos responder por el trato que dan a todos los seres humanos situados bajo su autoridad. Es posible que ese resguardo no resulte tan amplio como quisiéramos. Pero eso sería una razón para expandir las protecciones mediante nuevos acuerdos, regulaciones y tratados, no para abandonar la perspectiva estatista.

V Conclusión

En este trabajo espero haber mostrado que la perspectiva estatista captura adecuadamente la razón de ser de la práctica contemporánea de los derechos humanos. Esa razón de ser consiste en procurar que los Estados brinden satisfacción a ciertos intereses importantes de las personas situadas bajo su autoridad. Tanto la realidad de la práctica de los derechos humanos como las aspiraciones de los redactores de la Declaración Universal y su contexto general de adopción sustentan esta interpretación. La intuición moral detrás de los derechos humanos es, así, que los seres humanos no pueden nunca ser vistos como meros medios para la realización de proyectos colectivos de sus comunidades políticas. O, para ponerlo en palabras de Malik, que el hombre no es un esclavo del Estado y no vive sólo para servirlo. Es precisamente esto a lo que los documentos de derechos humanos se refieren con sus constantes invocaciones a la dignidad de la persona. De todas las interpretaciones disponibles en la bibliografía actual, la perspectiva estatista es la única que propone un rol verdaderamente distintivo para los derechos humanos: los derechos humanos no son derechos morales generales que las personas tenemos contra todo el mundo, sino derechos que tenemos contra quienes ejercen una autoridad política soberana sobre nosotros. No se trata de derechos por los que los gobiernos deben responder ante su propia ciudadanía, como sucede con los derechos constitucionales, sino de derechos por los que deben responder ante toda la humanidad, políticamente representada por la comunidad internacional. Antes de la adopción de la Declaración Universal no había ningún nombre para designar a estos derechos y no hay todavía en nuestro repertorio moral ninguna otra categoría que pueda ocupar su lugar.

También espero haber mostrado que, cuando la vemos en su mejor luz, la perspectiva estatista puede brindar respuestas razonables a los desafíos que plantea la era de la globalización. Aunque de acuerdo con esta perspectiva la responsabilidad de la comunidad internacional por los derechos humanos es derivada, secundaria, o de segundo nivel, se trata, no obstante, de una responsabilidad realmente amplia. No solamente demanda que la comunidad internacional pida cuentas a los Estados por el modo en que tratan a su población, sino además que apuntale su capacidad de cumplir con esta tarea. Este ideal sólo puede conseguirse mediante una profunda reforma de las instituciones de gobernanza global. Como los autores cosmopolitas plantean, todos los gobiernos, especialmente los gobiernos ricos, deben convertir esa reforma en un imperativo de su política exterior. Pero, a diferencia de lo que muchos de estos autores piensan, no se trata de una reforma que deban completar de inmediato para no convertirse en violadores de derechos humanos, sino de un proceso progresivo que debe balancearse con otras prioridades políticas y que constituye un norte para la vida política global.

Bibliografía y referencias

Beitz, Ch. (2009). *The Idea of Human Rights*. Oxford: Oxford University Press.

Beitz, Ch. (2003). What Human Rights Mean. *Daedalus* 132 (1), pp. 36-46.

Bates, E. (2010). History. En D. Moeckli, S. Shah y D. Harris (eds.). *International Human Rights Law*. Oxford: Oxford University Press, pp. 17-38.

Buchanan, A. (2004). *Justice, Legitimacy and Self Determination: Moral Foundations for International Law*. Oxford: Oxford University Press.

Cassese, A. (2005). *International Law*. Cambridge: Cambridge University Press.

Cohen, J. (2007). Is There a Human Right to Democracy? En J. Cohen and C. Sypnowich (eds.). *The Egalitarian Conscience*. Oxford: Oxford University Press.

Cohen, J. (2004). Minimalism about Human Rights: The Most We Can Hope For? *Journal of Political Philosophy* 12 (2), pp.190-213

Clapham, A. (2006): *Human Rights Obligations of Non-State Actors*. Oxford: Oxford University Press.

Donelly, J. (2013). *International Human Rights*. West-View Press.

Donelly, J. (2003). *Universal Human Rights in Theory and Practice*. Cornell University Press.

Duffy, H. (2009). El papel de las cortes en la protección de los derechos humanos en la "Guerra contra el Terror". En J. Montero y M. Garreta Leclercq (eds.). *Derechos humanos, justicia y democracia en un mundo transnacional*. Buenos Aires: Prometeo, pp. 119-141.

Duffy, H. (2005). *The War on Terror and the Framework of International Law*. Cambridge: Cambridge University Press.

Dworkin, R. (2011). *Justice for Hedgehogs*. Harvard University Press.

Gibney, M., Tomasevski, K., Vadsted-Hansen, J. (1999). "Transnational State Responsibility for Violations of Human Rights". *Harvard Human Rights Journal* 12, pp. 267-295.

Gilabert, P. (2011). Humanist and Political Perspectives on Human Rights. *Political Theory* 39 (4), pp. 439-467.

Glendon, M. (2002). *A World Made New: Eleanor Roosevelt and the Universal Declaration of Human Rights*. Random House.

Guariglia, O. (2010). *En camino de una justicia global*. Madrid: Marcial Pons.

Higgins, R. (2006). *Problems and Process. International Law and How We Use it*. Oxford: Clarendon Press.

Ignatieff, M. (2003). *Los derechos humanos como política e idolatría*. Barcelona: Paidós.

Kamchibekova, D. (2007). State Responsibility for extraterritorial human rights violations. *Buffalo Human Rights Law Review* 87, pp. 1-70.

Lafont, C. (2013). Human Rights and the Legitimacy of Global Governance Institutions. *Revista Latinoamericana de Filosofía Política* 2(1), pp. 1-33.

Lafont, C. (2012). *Global Governance and Human Rights. Spinoza Lectures*. Amsterdam: Royal Van Gorcum.

Lafont, C. (2010). Responsabildiad, inclusión y gobernanza global: una crítica de la concepción estatista de los derechos humanos. *Isegoría* 43, pp. 407-434.

Martin, R. (2004). Human Rights : Constitutional and International. En W. Aiken (ed.). *Philosophy and its Public Role*. Charlottesville: Imprint-academic, pp. 181-196.

Meckled-García, S. (2011). International Law and the Limits of Global Justice, *Review of International Studies* 37 (5).

Meckled-García, S. (2008). On the Very Idea of Cosmopolitan Justice: Constructivism and International Agency. *Journal of Political Philosophy* 16 (3), pp. 245-271.

Miller, D. (2007). *National Responsibility and Global Justice*. Oxford: Oxford University Press.

Morsink, J. (1999). *The Universal Declaration of Human Rights: Origins, Drafting and Intent*. Philadelphia: University of Pennsylvania Press.

Nagel, T. (2005). The Problem of Global Justice. *Philosphy and Public Affairs* 33 (2), pp. 113-147.

Nickel, J. (2012). Human Rights. *Stanford Encyclopedia of Philosophy*, disponible online en http://plato.stanford.edu/entries/rights-human/.

Nickel, J. (2007). *Making Sense of Human Rights*. Oxford: Blackwell Publishing.

Pogge, T. (2002). *World Poverty and Human Rights*. Cambridge: Polity Press.

Rawls, J. (1999). *The Law of Peoples with "The Idea of Public Reason Revisited"*. Cambridge (Mass.): Harvard University Press.

Rodrick, D. (2007). *One Economics, Many Recipes: Globalization, Institutions and Economic Growth*. Princeton: Princeton University Press.

Raz, J. (2010). Human Rights without Foundations, disponible online en http://www.ucl.ac.uk/laws/jurisprudence/docs/2008/08_coll_raz.pdf.

Rosas, A. (1995). State Sovereignty and Human Rights: Towards a Global Constitutional Project. *Political Studies* XLIII, pp. 61-78.

Salomon, M. (2007). *Global Responsibilities for Human Rights. World Poverty and the Development of International Law.* Oxford: Oxford University Press.

Sangiovanni, A. (2007). Global Justice, Reciprocity and the State. *Philosophy and Public Affairs* 35 (1), pp.3-39.

Shue, H. (1996). *Basic Rights*. Oxford: Oxford University Press.

Singer, P. (2002). *One World. The Ethics of Globalization*. New Haven: Yale University Press.

Skogly, S. y Gibney, M. (2002). Transnational Human Rights Obligations. *Human Rights Quarterly* 24, pp. 781-798.

Stiglitz, J. (2002). *Globalization and Its Discontents*. W.W. Norton Company.

Tassioulas, J. (2009). Are Human Rights Essentially Triggers for Intervention?. *Philosophy Compass* 4/6, pp. 938-950.

Valentini, L. (2012). In What Sense Are Human Rights Political? A Preliminary Exploration. *Political Studies* 60 (1), pp. 180-194.

Capítulo VI
Desacuerdo moral y estabilidad en el liberalismo igualitario

Facundo García Valverde

El igualitarismo liberal ha sostenido que una teoría de justicia social debe defender un esquema distributivo que permita que los individuos sean iguales en uno u otro aspecto y que es sólo mediante este esquema que se trata a los individuos con igual respeto y consideración. La discusión respecto de cuál es el aspecto en el cual los individuos deben ser iguales es lo que se conoció tradicionalmente como la discusión respecto de la *¿igualdad de qué?*, es decir, respecto de cuál es la base de información que debería conformar una teoría de justicia social.

En la literatura igualitarista podemos hallar tres propuestas principales a esta cuestión: igualdad de recursos o, más generalmente, de medios, igualdad de capacidades y, por último, igualdad de oportunidades para el bienestar. La igualdad de medios –ya sea la presentada por los recursos de Ronald Dworkin o por los bienes primarios de John Rawls– sostiene que los individuos deben poseer un conjunto objetivo de medios que sirvan para cualquier propósito posible (por ejemplo, el ingreso, las libertades básicas, etc.) y que este conjunto es independiente de la satisfacción que pueda obtener el individuo de ellas. Tanto la igualdad de oportunidad de bienestar como la igualdad de capacidades han surgido como respuestas a la invariabilidad interpersonal de esta métrica: la igualdad de oportunidades de bienestar, propuesta por Richard Arneson y por Gerald Cohen a través del "acceso a la ventaja", sostiene que cada individuo debería disponer de un conjunto total de oportunidades que sea equivalente al de cualquier otro individuo en términos de probabilidades de satisfacer sus preferencias; la igualdad de capacidades, aun compartiendo con la métrica anterior la idea de que debe considerarse cómo un determinado conjunto de medios impacta en la calidad de vida de un individuo, sostiene que lo que debe garantizarse a los individuos no es la oportunidad para la satisfacción de sus preferencias sino que dispongan de iguales oportunidades (capacidades) para alcanzar determinados estados o acciones considerados valiosos (funcionamientos); de esta forma, el enfoque de las capacidades (EC) se concentra en la libertad positiva de los individuos y no directamente en los funcionamientos, es decir, en las oportunidades para alcanzar funcionamientos y no en los logros en sí[1].

En este artículo quisiéramos concentrarnos en una de estas posibles respuestas, la brindada por el EC, y en un problema que ha aquejado a sus autores originales –Martha Nussbaum y Amartya Sen– desde su origen. Como mencionábamos, para evitar el subjetivismo de la igual oportunidad de bienestar, el EC debe identificar qué capacidades son relevantes para evaluar la calidad de vida de un individuo. Sin embargo, los autores no se han puesto de acuerdo en cómo generar esta lista de capacidades; mientras que Sen ha sostenido que tal lista no es necesaria puesto que su objetivo principal es articular un espacio evaluativo de la desigualdad en la calidad de vida y en los niveles de desarrollo (Sen 2004), Nussbaum ha afirmado que tal lista es exigible para convertir al marco teórico en una teoría de la justicia social mínima. Esta discusión podía interpretarse, hasta hace algunos años, como el reflejo de una disyunción fundamental en la justificación del EC: o se aceptaba un marco indeterminado más allá de algunas capacidades muy básicas –en el caso de Sen– o se lo convertía en una teoría perfeccionista que especificara una idea de la buena vida que otorgara contenido y criterios a la lista de capacidades (Nussbaum 1992).

A partir de la publicación de *Woman and Human Development*, Nussbaum ha intentado destruir esta dicotomía afirmando que su teoría podía ser considerada como un tipo de liberalismo político, similar al defendido por John Rawls y que, por lo tanto, no necesita de una idea completa de lo bueno para su justificación. A pesar de que creemos que el objetivo general de la autora es adecuado y que señala un camino necesario para el desarrollo del EC, intentaremos mostrar que su teoría

---

[1] La bibliografía sobre la cuestión de *¿igualdad de qué?* es extensísima; una buena introducción a ella puede hallarse en Wolff 2007.

no puede constituirse en un tipo de liberalismo político y que, por lo tanto, el esfuerzo es insuficiente para destruir la disyunción excluyente. A pesar de que varios críticos han sostenido esta misma conclusión, creemos que ninguno de ellos ha insistido lo suficiente en que la clave para esta imposibilidad radica en que dos elementos centrales del liberalismo político, el tratamiento del desacuerdo moral y la justificación de la estabilidad política, se hallan completamente distorsionados en la nueva versión de la concepción nussbaumiana y que la principal razón para esta distorsión reside en que se desconoce una importante distinción entre dos formas liberales de justificar el poder coercitivo del Estado.

El artículo está estructurado de la siguiente manera: en la primera sección, reconstruye sintéticamente el liberalismo político rawlsiano (I); en la segunda, reconstruye e intenta defender tres argumentos que Nussbaum señala para vincularse con el liberalismo político: (II.a) la no apelación a ideas metafísicas o controvertidas, (II.b) la similar extensión de la concepción de justicia y, por último, (II.c) la posibilidad de generar un consenso traslapado universal. Luego, intenta mostrar, en primer lugar, (II.c.1) que las evidencias utilizadas para justificar tal consenso son altamente cuestionables y que, en segundo lugar, (II.c.2) esto imposibilita alcanzar la estabilidad política, uno de los objetivos del liberalismo político.

I El liberalismo político rawlsiano

Political Liberalism, uno de los textos principales de John Rawls, intenta mostrar cómo se podría alcanzar la estabilidad de una concepción de la justicia política de corte liberal que intentara regular la estructura básica de una sociedad, es decir, "sus instituciones políticas, sociales y económicas principales, así como el modo en que se relacionan unas con otras en un sistema unificado de cooperación social" (Rawls 1996:41). El punto de partida del texto es el reconocimiento de un hecho básico de las sociedades libres, el del pluralismo razonable, según el cual los ciudadanos adoptan con el paso del tiempo una amplia gama de doctrinas comprehensivas, es decir, de posiciones metafísicas, religiosas o seculares respecto de cómo determinar lo valioso y lo bueno.

Estas doctrinas comprehensivas pueden llegar a diferentes tipos de acuerdos, aunque no todos ellos tendrán una justificación moral. El ejemplo que Rawls utiliza para mostrar esta diferencia se refiere a los tratados entre católicos y protestantes en el siglo XVI.

> No había por esa época un consenso traslapado en torno del principio de tolerancia. Ambas fes mantenían que era deber del gobernante sostener la verdadera religión y reprimir la difusión de la herejía y de la falsa doctrina. En tal caso, la aceptación del principio de tolerancia hubiera sido en realidad un *modus vivendi*, pues si alguna de las confesiones se hubiera convertido en dominante, habría dejado de observarse tal principio (Rawls 1996: 180).

Los *modus vivendi* suponen un consenso que se registra fácticamente pero que, sin embargo, es inestable ya que es producto de una negociación entre partes más o menos iguales que se sienten obligadas a los términos del acuerdo únicamente en la medida en que continúe registrándose un balance de fuerzas.

Un consenso traslapado, por el contrario, es un tipo de acuerdo moral que no depende de la contingencia de la distribución del poder político, económico. etc. Este tipo de acuerdos obtiene su justificación moral, según Rawls, del hecho de que las partes involucradas son razonables, es decir, que satisfacen dos condiciones: por un lado, "están dispuestos a ofrecer términos equitativos de cooperación social entre iguales y a cumplir con ellos si los otros también lo hacen, incluso si hacerlo no constituye su ventaja" y, por otro, "reconocen y aceptan las cargas del juicio que llevan a la idea de una tolerancia razonable en una sociedad democrática" (Rawls 1999: 177). Estas dos condiciones para la razonabilidad pueden ser resumidas en una idea omnipresente en las sociedades democráticas, según la cual las partes de un sistema de cooperación equitativo reconocen que los individuos son ciudadanos libres e iguales, independientemente de la identidad que cada uno de ellos recibe como miembro de una doctrina comprehensiva (Rawls 1996: 92-93). Ahora bien, ¿por qué el hecho de que las posiciones sean razonables brinda razones suficientes para otorgar un carácter moral al consenso entre ellas? La principal razón que Rawls defiende es que esas posiciones no pueden considerarse como un mero producto del error, la necedad o del fanatismo religioso, sino como el resultado normal del ejercicio libre de la razón, el cual se da en el marco de las instituciones de un régimen democrático constitucional (Rawls 1996: 12-13). De esta manera, y simplificando un poco las cosas, podríamos afirmar que lo que otorga este carácter moral al consenso traslapado rawlsiano es que es generado por posiciones políticas y morales que surgen gracias a un régimen constitucional democrático.

La significación moral del consenso traslapado se halla incorporada en lo que Rawls denomina principio liberal de legitimidad, según el cual el ejercicio del poder político coercitivo "es justificable sólo si se realiza de acuerdo con una Constitución, la aceptación de cuyas esencias pueda razonablemente presumirse de todos los ciudadanos a la luz de principios e ideales admisibles por ellos como personas razonables y racionales" (Rawls 1996: 252). De esta forma, la concepción de justicia que estructura el poder político sólo será legítima si es el foco de un consenso traslapado, esto es, si se presenta como un punto de vista independiente (free-standing) que no exige la adopción de una doctrina comprehensiva particular para su aceptación y justificación. Ahora bien, este punto de vista es alcanzado si las ideas y los conceptos fundamentales utilizados pueden extraerse de la cultura pública de una sociedad, es decir, del "fondo compartido de ideas y principios básicos implícitamente reconocidos" (Rawls 1996: 38) que "abarca las instituciones políticas de un régimen constitucional y las tradiciones públicas de su interpretación, así como los textos y documentos históricos que son de conocimiento común" (Rawls 1996: 44). De acuerdo con Rawls, los representantes de los ciudadanos posicionados en una situación de imparcialidad (la posición original) alcanzan ese consenso al elegir dos principios de justicia para regular la estructura básica: el primero garantiza iguales derechos y libertades y el segundo asegura iguales oportunidades y que las desigualdades de ingreso y riqueza estén al servicio del mayor beneficio para los miembros menos aventajados de la sociedad (Rawls 1996: 35).

La justificación de los bienes primarios como métrica de la ventaja racional constituye, al menos en sus objetivos, un buen ejemplo de este punto de vista independiente: ellos son considerados como los medios que los ciudadanos libres e iguales necesitarían para llevar adelante su plan de vida (Rawls 1996: 213-214); dado que la concepción política no afirma qué es lo bueno o lo valioso en la vida, deja librada a los individuos la determinación de cuál es el plan de vida intrínsecamente bueno o valioso; puesto en otros términos, la concepción rawlsiana no se aplica a todos los ámbitos de interacción o de relevancia moral o ética, sino únicamente a aquellos que se relacionan con la estructura básica de la sociedad, es decir, con el ámbito político o público. Estos bienes primarios incluyen derechos y libertades básicos, libertad de movimiento y de elección del empleo en un marco de oportunidades variadas, poderes y prerrogativas de cargos y posiciones de responsabilidad, ingresos y riqueza y las bases sociales del autorrespeto. El conjunto de estos bienes primarios constituye lo que Rawls denomina una teoría "débil del bien", porque no requiere para su formación de un concepto de la excelencia humana –como sí lo haría una posición perfeccionista–, sino de una concepción de los ciudadanos como personas morales que sean libres e iguales y puedan cooperar socialmente (Rawls 1996: 212-213).

II El "liberalismo político" nussbaumiano

Durante los últimos años, Nussbaum ha brindado una versión del EC que puede clasificarse como una teoría de la justicia social mínima, que especifica las condiciones mínimas bajo las cuales un individuo puede llevar adelante una vida digna. Según la autora, las sociedades tendrían la obligación de garantizar a los individuos un umbral mínimo de capacidades para funcionar en ciertas áreas centrales de la vida humana, considerando a las capacidades de forma análoga a los derechos humanos (Nussbaum 2007: 173). Estas capacidades son especificadas a través de una lista que incluye los siguientes ítems: vivir durante un período normal, mantener una buena salud y una nutrición adecuada, moverse libremente y estar libre de violaciones a la integridad corporal, usar los sentidos, la imaginación y el pensamiento, experimentar emociones humanas, poder formar críticamente una concepción del bien, disponer de capacidades para la libre asociación y afiliación, relacionarse respetuosamente con otras especies, disfrutar de actividades recreativas y, por último, tener control sobre el propio entorno, tanto político como individual (Nussbaum 2007:88-89).

Women and Human Development contiene varios métodos para justificar esta lista: por medio de un método narrativo[2] –una forma de educación cívica que promueva la imaginación y las emociones morales como forma

---

[2] Este método también puede reconocerse en Nussbaum 2004: 202-203. Para dos fuertes críticas que, aunque son esencialmente correctas, también son exageradas, véase Okin 2003: 280-316 y Spelman 2000: 11-3.

de relacionarse con los problemas políticos (Nussbaum 2000a: 15-24)–, por medio de un procedimentalismo constreñido moralmente que toma en cuenta los deseos informados y las preferencias autónomas de los individuos (Nussbaum 2000: 148-160), y finalmente, por medio de un enfoque sustantivo no-platonista respecto del bien – una forma de intuicionismo sobre qué elementos constituyen una sociedad mínimamente justa, en la cual los individuos puedan llevar a cabo una vida consistente con la dignidad humana y elegida por ellos mismos (Nussbaum 2000: 160-165)–. Según Nussbaum, este último enfoque debe prevalecer como forma de justificación, fundamentalmente, por su mayor protección contra los efectos de trasfondos injustos o sistemáticamente desiguales. Dado que los deseos y las preferencias de los individuos son moldeados por su contexto de formación, es evidente que si éstos son profundamente injustos o desiguales, los individuos adaptarán sus preferencias y deseos, considerando a tales contextos como inescapables o naturales. A pesar de esto, Nussbauam adjudica al procedimentalismo constreñido moralmente una función importante, aunque auxiliar, la de garantizar tanto la estabilidad política como el respeto por las personas.

El enfoque sustantivo del bien surge de una idea intuitiva de la dignidad humana, según la cual cada una de las capacidades es considerada "una forma de hacer efectiva una vida con dignidad humana en las diferentes áreas de actividad de una vida típica" (Nussbaum 2007: 167). Quizás para mantener este carácter intuitivo, Nussbaum no brinda una definición precisa de qué entiende por dignidad y se limita a poner ejemplos en los cuales podría juzgarse que los individuos no están viviendo de acuerdo con la dignidad humana; a través de ellos puede especularse que esta idea intuitiva incluye principios morales como el de tratar a los individuos como fines en sí mismos y como fuentes de agencia (Freeman 2006: 389).

> Juzgamos frecuentemente que una vida tan empobrecida que no es meritoria de la dignidad de un ser humano, es una vida que meramente transcurre, pero de una forma similar a la vida animal, incapaz de desarrollar los poderes humanos […] una persona famélica no usa la comida en una forma humana. Sólo la toma para sobrevivir y la variedad de ingredientes sociales y racionales de la alimentación humana no pueden hacer su aparición. (Nussbaum 2000: 72)

Las intuiciones utilizadas para justificar esta lista no son espontáneas o poco razonadas sino que ellas son sometidas al método del equilibrio reflexivo rawlsiano:

> Formulamos los argumentos para una posición teórica dada, confrontándola con los «puntos fijos» en nuestras intuiciones morales; entonces, observamos cómo esas intuiciones ponen a prueba y son puestas a prueba por las concepciones que examinamos [...] Esperamos que, con el paso del tiempo, alcancemos la consistencia y la integremos en nuestros juicios tomados como un conjunto. (Nussbaum 2000: 101-2)

Como ya mencionamos, esta versión de la teoría nussbaumiana pretende formar un tipo de liberalismo político semejante al rawlsiano. Esta pretensión está basada sobre el siguiente razonamiento:

Dado que

a) Su versión del EC recurre a ideas que no se apoyan en una idea metafísica o en una teoría epistemológica controvertida del ser humano (Nussbaum 2000: 187) y que

b) Tiene una aplicación puramente política (Nussbaum 2007: 158),

Se sigue que

c) Puede ser el foco de un consenso traslapado entre distintas doctrinas comprehensivas. (Nussbaum 2007: 83)

En las próximas secciones analizaremos cada una de estas afirmaciones.

II.a Ideas metafísicas y el concepto de persona

Nussbaum sostiene que la lista de capacidades requiere de una idea del bien que le dé contenido pero que, sin embargo, ella tiene una función similar a la presupuesta por los bienes primarios y que, por lo tanto, los límites impuestos por el liberalismo político no son transgredidos. De acuerdo con la autora, esto sucede porque no se recurre a ideas pertenecientes a concepciones metafísicas o a teorías epistemológicas del ser humano. En esta sección, nos dedicaremos a analizar ambas restricciones.

Con respecto a la primera, la definición precisa de qué es "una idea metafísica" parece necesariamente compleja y controvertida. Al mismo tiempo, Nussbaum no ayuda a su clarificación ya que tan sólo menciona algunas ideas claramente metafísicas a las cuales no apela ni su concepción ni ninguna otra concepción liberal razonable: la doctrina del alma, de la revelación, etc. (Nussbaum 2007: 170). No obstante esto, podemos hallar algunas señales que nos facilitarán esta comprensión al comparar la justificación actual de su concepción con la que utilizaba en sus primeros textos. En éstos, la lista de capacidades pretendía contener las características que constituían la esencia del ser humano, de forma tal que la carencia de alguna de ellas fuese una condición necesaria para negar la predicación del término "ser humano". A pesar de que Nussbaum no consideraba la búsqueda de esta esencia como una actividad metafísica (Nussbaum 1992: 215), parece claro que esta tarea implicaba una teoría respecto del lugar del ser humano en el mundo, de cuáles son sus fines, de cuáles son sus características inherentes, etc. En cambio, en sus textos más recientes, se abandona la búsqueda de estas características humanas universales, transculturales y transhistóricas y su concepción pretende fundarse en una idea intuitiva de la dignidad humana asociada con Kant pero que, sin embargo, puede reconocerse en distintas culturas (Nussbaum 2000: 67). Si bien quizás es controvertido considerar el grado exacto, parece claro que esta segunda justificación pretende abandonar las ideas asociadas habitualmente con la metafísica.

La segunda restricción sostiene que el concepto de persona utilizado por su versión del EC no depende de supuestos epistemológicos controvertidos del ser humano. Una nueva comparación nos permitirá entender a qué se refiere nuestra autora. En la teoría rawlsiana, las personas son concebidas con dos facultades morales fundamentales: la de desarrollar un sentido de la justicia y la de desarrollar una concepción del bien; al mismo tiempo, las personas son libres en tres sentidos: pueden tener una noción del bien y modificarla, son fuentes autoidentificatorias de exigencias válidas y, por último, son capaces de responsabilizarse por sus fines. Esta noción de la persona, que estaría implícita en la cultura pública política de una sociedad democrática, brinda las bases para poder justificar un sistema equitativo de cooperación en el cual cada participante obtenga una ventaja racional (Rawls 1996: 59-67).

La concepción de la persona que Nussbaum defiende en sus textos más recientes pretende ser "más adecuada a la vida real" (Nussbaum 2007: 98) y, por lo tanto, incluir más características que la modesta concepción de Rawls. Así, además de características que comparten —como el interés de las personas en elegir su forma de vida y los principios políticos que las gobiernan–, se incluyen la de ser un animal político y social con necesidades, naturalmente desigual y motivado a la cooperación social por los sentimientos morales de la benevolencia y de la compasión (Nussbaum 2007: 97-102). La versión nussbaumiana parece más amplia que la rawlsiana, ya que toma posiciones definidas sobre cuestiones de psicología moral acerca de las cuales Rawls no se expidió claramente. Sin embargo, esto no parece suficiente para calificar a esta concepción como epistemológicamente controvertida. Aceptemos, entonces, que la justificación del EC nussbaumiano no requiere ni de una idea metafísica ni de una teoría epistemológica discutible.

II.b Aplicación puramente política

Nussbaum argumenta que su concepción tiene una aplicación puramente política porque no exige que los individuos alcancen determinados niveles de funcionamiento; si el poder estatal hiciera esto, estaría postulando una idea de la buena vida que traspase los límites de las relaciones políticas que los individuos pueden establecer. "Obligar a todos los ciudadanos a desarrollar estos funcionamientos sería dictatorial y antiliberal" (Nussbaum 2007: 177). En este sentido, su versión del EC pareciera operar de la misma forma que la teoría rawlsiana: el poder político no puede regular todos los aspectos de la vida humana sino únicamente aquellos que pertenecen al dominio de lo político[3].

Tanto Francesco Biondo como Séverine Deneulin han puesto en duda esta semejanza. De acuerdo con ellos, si los dominios políticos quedaran restringidos igualmente en ambas concepciones, entonces Nussbaum no podría defender la intervención estatal sobre las reglas internas de asociaciones e instituciones que no forman parte de la estructura básica de la sociedad como, por ejemplo, las universidades (Deneulin 2002: 509-511; Biondo 2002: 9-11); así, en el caso de la Universidad de Notre-Dame y de otras universidades católicas que requieren que el puesto de rector sea ocupado por un sacerdote (por lo tanto, un hombre), no podría identificarse una instancia de discriminación de género que dé lugar a la intervención estatal.

Sin embargo, Nussbaum afirma precisamente lo contrario:

[3] Más adelante (II.c.2) analizaremos detalladamente el alcance real de esta diferencia entre la promoción de los funcionamientos y la promoción de las capacidades.

> El gobierno podría adecuadamente juzgar que un interés fuerte del Estado por la igualdad de género obliga a quitar (a la universidad) sus exenciones impositivas. [...] Con respecto a una función que es administrativa y educacional y que no está en el centro del culto, deberíamos juzgar que conceder la exención impositiva involucra al gobierno federal en un apoyo inaceptable de la desigualdad sexual. (Nussbaum 2000: 229)

De acuerdo con Biondo y Deneulin, lo anterior es suficiente para descartar al EC nussbaumiano como un tipo de liberalismo político.

> Un liberal político podría argumentar que determinar qué es central a un culto y qué no debe ser resuelto únicamente por los miembros de esa misma comunidad religiosa. En este caso y sólo en este caso, deberíamos respetar a esos grupos porque estaríamos reconociendo su derecho a organizar su vida privada y a vivir sus experiencias religiosas en las instituciones que ellos desean. Para compartir la posición de Nussbaum, nuestro liberal político debería estar de acuerdo con ella en una distinción nítida entre la vida pública y la privada. Sin embargo, esto es muy difícil de establecer y el caso precedente es una muestra de ello. (Biondo 2002:9)

El argumento de Biondo parece incorrecto por dos razones. En primer lugar, concede demasiado al criterio postulado explícitamente por Nussbaum, ya que pretende que sean los propios miembros de estos grupos quienes den un contenido concreto y delimiten las fronteras legítimas de la interferencia estatal. Semejante concesión parece excesiva, ya que si bien es cierto que Rawls afirma que las universidades no son instituciones que pertenezcan a la estructura básica, sería ridículo inferir de ello que el Estado nunca puede intervenir legítimamente sobre ellas o que debe esperar una decisión por parte de los miembros de tales grupos. Pensemos en un caso grotescamente obvio: si una de las condiciones para ocupar un puesto en una universidad religiosa es asesinar a un miembro de otra comunidad religiosa, es claro que el Estado no puede justificar su inacción apelando a que las universidades no pertenecen a la estructura básica, ya que aquí se amenaza un derecho fundamental protegido por el primer principio de justicia rawlsiano, el derecho a la vida. Como señala Rawls que los principios de justicia básica no se apliquen a las organizaciones secundarias de la sociedad debe ser entendido como que ellos no se aplican a su organización y funcionamiento interno pero que, no obstante, imponen "restricciones esenciales" que "protegen los derechos y libertades de los miembros". En otros términos, los principios de justicia no pueden regular el procedimiento por el cual es elegido un funcionario de esas organizaciones pero, no obstante, pueden intervenir si esa elección implica una violación de los derechos y las libertades que tienen los miembros, no qua miembros sino qua ciudadanos (Rawls 1999: 158-159).

La argumentación rawlsiana, entonces, no sostiene que la centralidad de una restricción para ocupar una función en un grupo religioso, académico, etc., sea una condición suficiente (y ni siquiera necesaria) para distinguir entre interferencias estatales legítimas e ilegítimas.

El segundo motivo de rechazo del argumento de Biondo consiste en que permite un posible abandono de uno de los puntos donde el trabajo nussbaumiano se ha mostrado consistente a lo largo de los años, la crítica al relativismo cultural y moral: el hecho de que un determinado principio de acción o de regulación de la conducta esté en el núcleo de una religión o de una doctrina comprehensiva no lo exime ni de la crítica moral ni de la acción estatal (Jaggar 2006: 302-304). Así, hacen falta más condiciones para que una religión o una práctica cultural quede fuera del ámbito de injerencia estatal.

Ambos motivos nos permiten reconocer que una interpretación literal del argumento de Nussbaum está condenada al fracaso; por lo tanto, si queremos darle algún sentido, deberíamos tratar de identificar la intuición que lo sostiene. Según lo veo, esta intuición puede reconocerse en el rechazo nussbaumiano de un reclamo que obligue a la Iglesia Católica a modificar los requisitos de género para ocupar el rango de sacerdote (Nussbaum 1999: 111).

El criterio para distinguir los casos del sacerdote y el del rector podría ser rastreado en el análisis de cómo y hasta qué grado las restricciones que imponen las doctrinas comprehensivas limitan las oportunidades de los individuos de obtener un empleo en igualdad de condiciones. Bajo este criterio, dado que el "empleo" de sacerdote no estaría disponible para todos los ciudadanos sino únicamente para aquellos que son miembros de la comunidad católica, las oportunidades del resto de los ciudadanos no se estarían reduciendo más de lo habitual; por el contrario, dado que la ocupación de rector es puramente administrativa y educativa, es decir, que es un empleo accesible para todos los ciudadanos suficientemente calificados, las restricciones de género sí estarían limitando el rango de oportunidades disponibles. En este sentido, ciertas políticas promotoras de la igualdad de género deberían regular los mecanismos de contratación del segundo tipo de empleo en una forma similar a la que sucede con el resto de los empleos y los cargos disponibles.

Si ésta es la intuición nussbaumiana, su argumento podría reformularse en términos del liberalismo político: uno de los bienes primarios de una sociedad democrática es el de la libre elección de ocupación en un marco de diversas oportunidades; el acceso a este bien primario se estaría limitando en el caso del puesto de rector y, por lo tanto, un liberal político podría afirmar que la tolerancia de ese mecanismo de contratación viola los principios de justicia. Si lo anterior es correcto, podríamos reconocer otra similitud con la teoría rawlsiana: en ella el límite de la tolerancia no es impuesto directamente por las doctrinas comprehensivas – ya que ello terminaría generando un *modus vivendi* – sino por el criterio de corrección de la concepción política de justicia, la razonabilidad (Rawls 1996: 93-94).

A pesar de esta posible reconstrucción, creo el argumento continúa fallando desde el punto de vista rawlsiano, ya que legitimaría una constante interferencia estatal sobre las funciones administrativas de instituciones no pertenecientes a la estructura básica, algo que Rawls – y el liberalismo en general - intenta minimizar; así, por ejemplo, el puesto de director de un convento de monjas de clausura también debería estar disponible para todos los individuos, independientemente de su sexo; o, por ejemplo, la restricción de que el director de un monasterio católico profese esa religión también podría ser objeto de un reclamo de justicia por parte del liberalismo político. A pesar de que en estos casos las oportunidades laborales para los ciudadanos se ven reducidas, el grado de intervención estatal aumentaría exponencialmente y no es arriesgado suponer que ello terminaría por afectar el funcionamiento normal de ese tipo de instituciones y el libre desarrollo de las doctrinas comprehensivas.

De esta forma, aun cuando pudimos reconstruir un argumento rawlsiano para intentar defender las conclusiones a las cuales arriba nuestra autora, parece claro que tal conclusión excede la aplicación puramente política que promueve el liberalismo político. Sin embargo, pienso que es apresurado considerar lo anterior como una condición suficiente para rechazar el carácter de liberalismo político de la versión nussbaumiana, ya que podríamos considerarlo como un mero error en la extensión y no como una contradicción con algún principio central del liberalismo político; precisamente, la próxima sección está destinada a evaluar si el "liberalismo político" nussbaumiano cae en alguna de estas contradicciones.

II.c Consenso traslapado y pesimismo rawlsiano

De acuerdo con Nussbaum, la justificación moral del consenso traslapado que lleva a cabo Rawls es pesimista[4], ya que liga al liberalismo político con una única tradición de filosofía política occidental, la liberal, la cual ha producido las condiciones de posibilidad para el surgimiento de las democracias constitucionales: "no hay razón alguna para considerar que alguno de los bienes primarios sea particularmente occidental o que la capacidad para formar y revisar un plan de vida expresen un sentido específicamente occidental de qué es lo importante" (Nussbaum 2000a: 67). En cambio, su nueva versión del EC aspira a un consenso de alcance universal, independiente del tipo de sociedad considerada.

Este consenso universal no requiere, según nuestra autora, que las intuiciones morales utilizadas acerca de los elementos de una vida humana digna formen parte de una cultura pública compartida (como en el caso rawlsiano) ni que se legitimen a través de un procedimiento equitativo (como en el contractualismo liberal). Por el contrario, su versión "parte de un resultado, o de una comprensión intuitiva de un contenido particular – considerado necesariamente vinculado a una vida acorde con la dignidad humana – y busca una serie de procedimientos políticos (una Constitución, una separación de poderes, etc.) que se acerquen tanto como sea posible a ese resultado" (Nussbaum 2007: 94).

A pesar de que Nussbaum sostiene en repetidas ocasiones que ha prestado más atención que Sen a "asuntos de justificación e implementación", este recurso a la intuición como justificación oscurece los fundamentos del EC. Como sostiene Samuel Freeman:

> [En su versión del EC] no hay algún análisis complejo de la dignidad humana, del igual valor, del respeto por las personas, etc., que pudiera conectar esas ideas con la lista de las capacidades centrales y los derechos que Nussbaum propone. Su aproximación intuitiva está, quizás, diseñada para mantenerse dentro de su objetivo de apelar a las tendencias liberales

---

[4] Tomamos la caracterización de pesimista de Barclay 2003.

en otras culturas y alcanzar un consenso traslapado entre distintas tradiciones filosóficas, religiosas y morales. (Freeman 2006: 391)

Esto podría hacernos sospechar que, en realidad, detrás de esas intuiciones se halla una concepción de justicia desarrollada en el abstracto terreno de la moral y que Nussbaum intenta aplicar a cada sociedad desconociendo tanto su relación con sus tradiciones culturales, religiosas, etc., como la importancia de que las distintas sociedades puedan aceptar tales principios morales y de justicia. En otros términos, podríamos sospechar que la posición de Nussbaum implica algún grado de perfeccionismo y que, por lo tanto, el consenso traslapado sobre la lista de capacidades es imposible de lograr.

A pesar de que consideramos que esta sospecha está muy cerca de la caracterización adecuada de la teoría nussbaumiana, quisiera realizar dos aclaraciones preliminares para ofrecer una visión lo menos parcial posible. En primer lugar, Nussbaum no defiende un universalismo ciego de las diferencias; como ha señalado desde el comienzo de su obra, las capacidades de su lista pueden ser especificadas de múltiples formas de acuerdo con los hechos de las distintas culturas y tradiciones[5]. En segundo lugar, Nussbaum no sostiene que el grado en que su lista de capacidades sea aceptada por las distintas sociedades sea irrelevante; si bien reconoce que la función que cumple este requisito es "auxiliar y limitada" (Nussbaum 2000a: 76), también afirma que el grado en que un individuo o un grupo social acepte o rechace determinado principio de justicia es relevante a la hora de construir una teoría que pretende ser liberal ya que ésta debe mostrar su preocupación tanto por la estabilidad como por el respeto de la autonomía (Nussbaum 2007: 170). De esta forma, en la medida en que la inclusión del requisito de la aceptabilidad conlleve efectivamente el respeto por la autonomía y la preocupación por la estabilidad, su posición se alejará del perfeccionismo y se acercará al liberalismo político.

A pesar de estas salvedades, la inclusión de la aceptabilidad y la pretensión de un consenso traslapado de alcance universal traen aparejado un posible conflicto en la teoría de Nussbaum. Mientras que parece sensato esperar el consenso sobre los principios rawlsianos, ya que ellos

---

[5] Una discusión interesante sobre cómo se relacionan los contenidos de una teoría de justicia con las distintas formas de vida, de sociedad y de autocomprensión identitaria puede hallarse en Nussbaum 1996: 337-339.

están formados con base en un trasfondo cultural compartido, parece improbable arribar a ese consenso en el caso de Nussbaum: es altamente dudoso que ítems tales como la capacidad de satisfacción sexual y la de elección en cuestiones reproductivas, o la capacidad de controlar políticamente el propio entorno, sean aceptadas por buena parte de las religiones o por las distintas tradiciones culturales que pueblan el mundo; la propia autora reconoce estos problemas pero, sin embargo, insiste en sostener que su lista de capacidades potencialmente puede generar un consenso traslapado. En los próximos dos apartados analizaremos las evidencias que Nussbaum utiliza para mostrar esta capacidad potencial e intentaremos mostar, en primer término, que ellas son insuficientes para generar un consenso traslapado y lidiar adecuadamente con los desacuerdos morales (II.c.1) y que, en segundo lugar, la estabilidad política no se halla lo suficientemente garantizada (II.c.2).

II.c.1 Aceptabilidad potencial y optimismo excesivo

Una de las formas en las que Nussbaum muestra cómo su versión del EC es sensible a las diferencias culturales y al diálogo intercultural consiste en el relato de los motivos que han incidido en la modificación de su lista de capacidades, tales como diálogos con personas y grupos de distintos orígenes y niveles económicos y análisis de obras artísticas, literarias, etc. La problemática cuestión de la orientación sexual ejemplifica estas modificaciones y, como veremos, nos será sumamente útil para analizar la cuestión de la aceptabilidad.

> En versiones previas de la lista no la incluí porque consideré que, especialmente en India, había tan poco consenso sobre este ítem que su inclusión podía parecer prematura (…) Sin embargo, en el 2000 la controversia sobre la interrupción de la película feminista *Fire* condujo a una profunda discusión sobre la orientación sexual en los medios indios y a que las feministas y otros pensadores liberales reconocieran públicamente las conexiones entre estos problemas y la completa igualdad de las mujeres. Por lo tanto, ahora creo que ya no es prematuro añadir este ítem a una lista transcultural de la que se espera que conduzca a un consenso traslapado. (Nussbaum 2000a: 292-293)

El argumento es confuso y puede interpretarse de diversas maneras. La forma menos caritativa pero más directa de hacerlo es entenderla como si sostuviera que, dado que un pequeño grupo de activistas y académicos hindúes pudieron sensibilizarse frente a un retrato fílmico positivo del lesbianismo, estamos justificados en afirmar que la protección contra la discriminación por la orientación sexual alcanzará en el futuro un consenso traslapado transcultural. Esta interpretación haría del requisito de aceptabilidad una condición sumamente débil y fácilmente satisfacible: con tan sólo hallar un grupo minoritario que defienda una determinada capacidad como relevante, bastaría para alcanzar en el futuro un consenso traslapado. Esto parece absolutamente irrazonable.

Una interpretación más favorable ha sido provista por Linda Barclay, quien sostuvo que si la defensa de una capacidad específica puede derivarse a partir de ideas que gozan de un grado importante de apoyo en distintos contextos culturales y tradicionales –aun si no son compartidas por todos los individuos–, entonces es razonable esperar que pueda ser un objeto de consenso en el futuro (Barclay 2003: 14). Esta interpretación, sin embargo, también es problemática, ya que la esperanza en que la protección contra la discriminación por orientación sexual pueda convertirse en un objeto de consenso transcultural se alimenta del hecho de que las sociedades liberales y algunos grupos minoritarios en sociedades no liberales han comprendido su importancia para lograr la igualdad entre los individuos. No obstante, es razonable suponer que en ambas sociedades también existan grupos mayoritarios o minoritarios que no han podido comprender esa importancia o que, directamente, consideran que ese derecho es contrario a una vida humana digna. Dado esto, ¿cuál es el criterio para seleccionar al grupo que tendremos en cuenta? La pregunta por este criterio es especialmente crucial para la concepción de Nussbaum, ya que la razón para no incluir esa protección en versiones previas de la lista no era que no podía alcanzar un consenso mayoritario sino que los grupos hindúes de activistas feministas de cuño liberal no la aceptaban como tal; parece claro, entonces, que deberíamos hallar una justificación de este privilegio de los grupos feministas liberales sobre otros grupos sociales y culturales. La justificación más clara es que estos grupos defienden los resultados estipulados por la concepción nussbaumiana; el privilegio del argumento moral independiente sobre las posiciones políticas de las personas o de los grupos (Nussbaum 2000a:

148-154) se observa nítidamente en una situación hipotética que postula la propia autora:

> Supongamos que una mayoría en India, luego de reunirse y deliberar en formas que satisfacen todas las restricciones morales de las mejores concepciones del deseo informado, desean reemplazar su constitución pluralista por una que declare a la India como un Estado hindú. Desafortunadamente, esto realmente podría ocurrir. Esto no debe llevarnos a concluir que la igual libertad de conciencia es un ítem negociable en una democracia pluralista decente. Debemos decir: «Esto que la mayoría desea es incorrecto» Cualquier concepción radical se enfrentará a este problema dado que los enfoques fundados en los deseos no son capaces de eliminar las preferencias adaptativas. (Nussbaum 2004: 200-201)

Como ya señalamos, el problema de las preferencias adaptativas es uno de los mayores peligros que se corren cuando una teoría filosófica toma en cuenta los deseos de las personas y sus posiciones defendidas en un diálogo real;[6] si una mujer de escasos recursos, marginada y vulnerable frente a los miembros masculinos de su entorno familiar y social considera que su educación es una capacidad irrelevante para su calidad de vida, parecería cínico afirmar que hay que respetar su decisión autónoma. Sin embargo, Nussbaum depende excesivamente de este tipo de preferencias como justificación para excluir ciertas intuiciones y posiciones políticas. La existencia de preferencias adaptativas parece clara cuando ellas se producen en contextos de profunda injusticia; sin embargo, parece irrazonable e intolerante catalogar como adaptativa a cada posición política o a cada preferencia si ella no concuerda con la concepción especificada en la lista de capacidades. Precisamente esto es lo que Nussbaum parece tener en mente:

> [El EC] soluciona el problema de las preferencias adaptativas por mecanismos sustantivos y no por mecanismos formales, tal como parece ser necesario. Una preferencia acostumbrada a no tener alguno de los ítems de la lista no contará en la función de la elección social y una pre-

---

[6] Las teorías ideales de justicia, por ejemplo, las de Dworkin y Rawls, garantizan la ausencia de este tipo de preferencias al costo de abstraerse de buena parte de las razones por las cuales es necesario construir una teoría de justicia (desigualdad, opresión sistemática, racismo, etc.). Precisamente, la búsqueda nussbaumiana de una teoría "más adecuada a la vida real" reintroduce estas razones a un riesgo que intentaremos mostrar más adelante.

ferencia igualmente acostumbrada a disponer de tales cosas sí contará. (Nussbaum 2000a: 149)

Su versión del EC incurre, entonces, en una clara petición de principio: a pesar de que parece razonable desconocer ciertas preferencias e intuiciones si ellas son adaptativas, la forma de justificar que una preferencia o una intuición X sea adaptativa es si ella rechaza uno de los ítems de la lista; así, Nussbaum está presuponiendo la validez de su lista como su criterio de identificación. El principal problema con esta petición de principio es que entra en contradicción con el nuevo papel que Nussbaum declaraba adjudicarles a la aceptabilidad y al consenso, el cual era clave tanto para desligarse de la acusación de perfeccionismo como para justificar su aspiración de liberalismo político.

De esta forma, las evidencias del consenso potencial y de la aceptabilidad que presenta Nussbaum son absolutamente insuficientes para mostrar el respeto por las posiciones políticas y comprehensivas de los individuos, ya que las únicas evidencias consideradas son exactamente aquellas que están de acuerdo con la lista; frente a aquellas posiciones que no aceptan alguno o todos los ítems de la lista, su versión del EC simplemente las ignora o las clasifica como surgidas de preferencias adaptativas. En última instancia, mientras que la concepción rawlsiana se esfuerza en dar una justificación moral a los desacuerdos razonables profundos en sociedades liberales, la concepción nussbaumiana postula un consenso en un futuro lejano pero al coste de desconocer los desacuerdos morales del presente. Así como Rawls era acusado de un pesimismo injustificado, podríamos criticar a Nussbaum por su exagerado optimismo; parece injustificado afirmar con nuestra autora que "una vez que las personas han disfrutado la posibilidad de las capacidades, ellas no querrán abandonarla" (Nussbaum 2000: 154).

II.c.2 La justificación de la estabilidad política

Como ya mencionamos, la búsqueda de la estabilidad política es uno de los objetivos que el liberalismo político rawlsiano intenta alcanzar por medio del consenso traslapado; en este apartado intentaremos mostrar que Nussbaum no puede dar cuenta de cómo su lista de capacidades garantiza este ideal.

El principal argumento que Nussbaum utiliza para demostrar que su lista de capacidades puede alcanzar la estabilidad política es que ella no postula como objetivo político la promoción de los funcionamientos sino de las capacidades (Nussbaum 2000: 86-87). Por ejemplo, si bien su lista garantizaría un nivel suficiente de alimentos para alcanzar el funcionamiento de estar bien nutrido, no obligaría a que los individuos alcancen tal funcionamiento, ya que podrían existir personas que decidan no alcanzar ese funcionamiento y ayunar por motivos religiosos. De esta forma, al incluir la dimensión de la elección individual, su lista sería consistente con el pluralismo y con el respeto por la autonomía individual y, por lo tanto, podría alcanzar la estabilidad política: "Muchas personas que estarían dispuestas a apoyar una cierta capacidad como derecho fundamental se sentirían agraviadas si se instaurara como básico el funcionamiento asociado. Así, el derecho a votar puede suscitar el acuerdo de ciudadanos religiosos que se sentirían profundamente agraviados si se instaurara el voto obligatorio" (Nussbaum 2007: 91).

A pesar de que esta distinción es utilizada por Nussbaum como respuesta a varios problemas distintos (garantizar el respeto por el pluralismo, por la estabilidad política, por la autonomía individual y evitar el riesgo del paternalismo y el platonismo moral), esta estrategia no siempre es exitosa. En el caso puntual de la estabilidad, no lo es.

Un Estado que obliga a sus ciudadanos a obtener determinados niveles de funcionamiento se convierte, en el mejor de los escenarios, en una dictadura perfeccionista benevolente; dado que el Estado conocería cuáles son los componentes objetivamente válidos de la buena vida, aplicaría su poder coercitivo para que los ciudadanos desarrollen esa idea de la buena vida, independientemente de sus elecciones. Una dictadura perfeccionista de esta clase difícilmente pueda mantenerse estable a lo largo del tiempo; el hecho de negar a la autonomía individual un papel relevante en la determinación del propio plan de vida abona el caldo de cultivo para futuros reclamos de mayor libertad y participación política que desemboquen en un cambio radical del régimen político.

La estabilidad política no queda garantizada, como Nussbaum pareciera creer, con el mero rechazo de este tipo de medidas, dado que éstas pueden ser objeto de dos clases distintas de críticas liberales. La primera sostendría que el problema con las políticas perfeccionistas dictatoriales es que no respetan la autonomía individual; bajo esta perspectiva, si el

Estado impulsara políticas perfeccionistas no coercitivas destinadas a promover la autonomía individual, no podríamos objetar su accionar. Llamemos a esta posición perfeccionismo liberal de la autonomía. La segunda crítica sostendría que la justificación del accionar estatal no es legítima porque no puede ser aceptada por todos los ciudadanos, independientemente de la corrección o incorrección de la idea de la buena vida a la que el Estado obliga a sus ciudadanos; bajo esta segunda perspectiva, las políticas estatales no coercitivas que promueven la autonomía individual podrían ser razonablemente rechazadas por los ciudadanos y, por lo tanto, son ilegítimas. Llamemos a esta segunda posición el liberalismo de la legitimidad. Mientras que la posición rawlsiana sentaría las bases para esta última forma de crítica, la posición nussbaumiana parecería defender la primera, como quedará claro con las siguientes citas.

> Incluso si estamos seguros de saber qué es una vida floreciente y que una función particular desempeña un papel importante, no respetamos a los individuos cuando los obligamos a desarrollar ese funcionamiento. Establecemos una base y, como conciudadanos, presentamos cualquier argumento que tengamos a favor de una elección; sin embargo, la decisión final depende de ellos. (Nussbaum 2000: 88)

> Son los funcionamientos y no simplemente las capacidades quienes hacen una vida humana completa, en el sentido de que si ningún funcionamiento estuviera presente en una vida, difícilmente podríamos celebrarlo, sin importar cuántas oportunidades tuviera esa vida. (Nussbaum 2000: 87)

Estas dos citas obligan a disociar la posición de Nussbaum del liberalismo político. Mientras que éste puede describirse como un liberalismo de la legitimidad, la primera sólo se preocupa por no avasallar la autonomía individual; así, ella minimiza el problema de la legitimidad de las políticas estatales, lo cual pudimos comprobar previamente a propósito del recurso a las preferencias adaptativas como justificación para ignorar ciertos desacuerdos morales sobre los ítems de la lista y sobre su justificación. El problema de este perfeccionismo liberal es que no puede asegurar la estabilidad política o que, por lo menos, no lo puede hacer escudándose en el marco teórico rawlsiano, ya que uno de los puntos de partida de éste es que cualquier organización estatal que esté fundada sobre una idea de la buena vida será inestable (Rawls 1996: 67-68). Aun cuando la idea de la buena vida nussbaumiana deja espacio para las elecciones autónomas de los individuos, afirmar que quien no valora las oportunidades reales –esto es, la mayoría de los miembros de religiones, tradiciones, etc.– no desarrolla una vida acorde con la dignidad humana, es equivalente a afirmar que conocemos cuáles son los componentes de una vida digna y que hay individuos que eligen autónomamente no desarrollarla, es decir, que deciden no aprovechar las oportunidades para ella. Bajo esta lectura, las doctrinas comprehensivas obstaculizarían, en mayor o menor medida, una vida humana digna, al recomendar al individuo que no desarrolle ciertas capacidades básicas, por ejemplo, la de tener una vida amorosa elegida libremente. Más allá de la cuestión de si las doctrinas comprehensivas son o no obstáculos para la dignidad humana, es evidente que esa premisa es demasiado controvertida tanto para generar un consenso traslapado como para asegurar la estabilidad política.

Conclusión

En este trabajo hemos intentado mostrar que la dificultad principal para la vinculación de la teoría nussbaumiana con el liberalismo político no debería buscarse en los límites de lo político que ambas concepciones trazan sino en el tipo de justificación del poder estatal coercitivo que ellas utilizan. Como señalamos en el último apartado, Nussbaum pareciera desconocer la diferencia existente entre las dos críticas liberales que podrían realizárseles a las dictaduras perfeccionistas benevolentes. A pesar de que el criterio de las preferencias adaptativas parece cumplir la misma función que la razonabilidad en la teoría rawlsiana, la de definir qué posiciones tradicionales, religiosas, culturales, etc., deben ser toleradas, su justificación es completamente distinta. Mientras que en el caso rawlsiano la razonabilidad está justificada, al menos en parte, por el hecho del pluralismo razonable y del desacuerdo moral profundo en sociedades democráticas, el criterio nussbaumiano presupone su propia teoría, ya que las condiciones de autonomía se cumplen únicamente si se satisfacen todos los ítems de la lista.[7] Así, el argumento de Nussbaum consistiría en

[7] Esta misma diferencia en las formas de justificar puede reconocerse en el marco de la discusión sobre justicia global. De acuerdo con Nussbaum (2002), introducir el desacuerdo moral persistente como un hecho que restringe el razonamiento sobre la justicia equivale a confundir dos dimensiones teóricas que deberían ser separables, la de la justificación y la de implementación de la teoría; esta confusión explicaría la

afirmar que aquellos que no consideran alguno de los ítems de la lista como relevante para la dignidad humana deben ser considerados como individuos no autónomos, es decir, como dotados con un reflejo mental que les hace imposible considerar como factible y deseable otra situación distinta a aquella a la cual están acostumbrados. Si añadimos a esto que la búsqueda de consensos vigentes o potenciales cumple únicamente una función retórica, es claro que su posición defiende una idea de la buena vida – aquella que desarrolla las capacidades para una vida autónoma y de acuerdo con la dignidad humana – independiente de la posición adoptada por los individuos. En otros términos, la autora no puede argumentar que su idea del bien es parcial porque, en primer lugar, señala qué funcionamientos hacen a una vida digna y cuáles no, y en segundo término, justifica esos funcionamientos apelando a una concepción determinada de la autonomía y no a su aceptación por parte de los individuos. En la medida en que la noción de autonomía utilizada por Nussbaum siga hallando su fuente de validez en la propia teoría y en la propia lista de capacidades, su posición no podría ser aceptada por todos los ciudadanos razonables y, por lo tanto, no podrá alcanzar el carácter de legítima. Puesto de otra forma, al confundir la cuestión de la legitimidad con el problema de cuáles son las condiciones para que un individuo sea autónomo al tiempo que lleve adelante una vida humana digna, Nussbaum no da una respuesta propia del liberalismo político al hecho del pluralismo razonable y al tratamiento de los desacuerdos morales profundos.

Bibliografía y referencias

Barclay, L. (2003). What kind of liberal is Martha Nussbaum. *Nordic Journal of Philosophy* 4 (2), pp. 5-24

Biondo, F. (2002). Political Liberalism and Non-Liberal Communities in M. Nussbaum's Moral Philosophy. Comunicación presentada en "Promoting Women's

---

ampliación rawlsiana de lo tolerable en el campo internacional. Aunque no puedo desarrollar el argumento, quisiera señalar que Nussbaum parece no reconocer que esos desacuerdos morales profundos están justificados moralmente y no son meros hechos contingentes; en este sentido, parecería incorrecto mencionarlos como un factor que debería tomarse en cuenta únicamente en la dimensión de la aplicación. En última instancia, el criterio nussbaumiano para distinguir entre ambas dimensiones depende de su propia teoría de justificación universalista y, por lo tanto, continúa sin mostrar su pertenencia a la familia de los liberalismos políticos. Agradezco a uno de los evaluadores anónimos el haberme señalado este problema.

Capabilities: examining Nussbaum's Capability Approach", 9 y 10 de septiembre de 2002, vön Hügel Institute, St. Edmund's College

Deneulin, S. (2002). Perfectionism, paternalism and liberalism in Sen and Nussbaum's capability approach. *Review of Political Economy* 14 (4), pp. 497-518

Freeman, S. (2006). Frontiers of Justice: The Capabilities Approach vs. Contractarianism. *Texas Law Review* 85 (2), pp. 385-430.

Jaggar, A. (2006). Reasoning About Well-Being: Nussbaum's Methods of Justifying the Capabilities. *The Journal of Political Philosophy* 14(3), pp. 301-322

Nussbaum, M. (1992). Human Functioning and Social Justice. *Political Theory* 20 (2), pp. 202-246

Nussbaum, M. (1996). Virtudes no relativas: un enfoque aristotélico. En Nussbaum, M., Sen, A, (eds.) *La Calidad de Vida*. México: Fondo de Cultura Económica.

Nussbaum, M. (1999), *Sex and Social Justice*. Oxford: Oxford University Press

Nussbaum, M. (2000a). *Women and Human Development: The Capabilities Approach*: Cambridge: Cambridge University Press

Nussbaum, M. (2000b). Aristotle, Politics and Human Capabilities: A Response to Antony. Arneson, Charlesworth and Mulgan. *Ethics* 111, pp. 102-140

Nussbaum, M. (2002). Women and the Law of Peoples. *Politics, Philosophy & Economics* 1, p. 283-306

Nussbaum, M. (2004). On Hearing Women's Voices: A Reply to Susan Okin. *Philosophy & Public Affairs* 32 (2), pp. 193-205

Nussbaum, M. (2007). *Las fronteras de la justicia*. Barcelona: Paidós

Okin, S. (2003). Poverty, Well-Being and Gender: Who's Heard?. *Philosophy & Public Affairs* 31, pp. 280-316

Rawls, J. (1996). *Liberalismo Político*. Barcelona: Crítica

Rawls, J. (1999). *The Law of Peoples*. Cambridge: Harvard University Press

Sen, A. (1992). *Inequality Reexamined*. Cambridge: Harvard University Press

Sen, A.(2000). *Libertad y Desarrollo*. Barcelona: Planeta

Sen, A.(2004), Dialogue: Capabilities, Lists and Public Reason: Continuing the conversation. *Feminist Economics* vol. 10 (3), pp. 77-80

Spelman, E. (2000). How do they see you?. *London Review of Books*, 16/11/00, pp. 11-3

Wolff, J. (2007). Review Article: Equality: The Recent History of an Idea. *Journal of Moral Philosophy* 4, pp. 125 - 136